Paul Racette

Compostelle pèlerinage extrême

Paul Racette

Compostelle pèlerinage extrême

Éditions Croix du Salut

Imprint
Any brand names and product names mentioned in this book are subject to trademark, brand or patent protection and are trademarks or registered trademarks of their respective holders. The use of brand names, product names, common names, trade names, product descriptions etc. even without a particular marking in this work is in no way to be construed to mean that such names may be regarded as unrestricted in respect of trademark and brand protection legislation and could thus be used by anyone.

Cover image: www.ingimage.com

Publisher:
Éditions Croix du Salut
is a trademark of
International Book Market Service Ltd., member of OmniScriptum Publishing Group
17 Meldrum Street, Beau Bassin 71504, Mauritius

Printed at: see last page
ISBN: 978-620-2-48251-6

COMPOSTELLE PÈLERINAGE EXTRÊME

Paul Racette

Paul Racette et Lise son épouse ont 6 enfants dont le dernier est trisomique. Il a été préposé aux télécommunications et chef d'équipe au centre d'urgence 911, président de syndicat et coordonnateur de la Fédération nationale des centres de préparation au mariage. Il est diacre permanent et conseiller moral et spirituel pour les policiers-pompiers. Il est directeur général du Foyer des Marins de Trois-Rivières.

Ce volume est publié à compte d'auteur

Dépôt légal : 2e trimestre 2011

Bibliothèque et Archives nationales du Québec

ISBN 978-2-9812461-0-3

Dépôt légal – Bibliothèque et Archives nationales du Québec, 2011

Dépôt légal – Bibliothèque et Archives Canada, 2011

Révision linguistique : Jean Gignac et Lucie Lamy

Conception couverture et mise en page : Carole Richard

Imprimé au Québec sur du papier recyclé

Du livre de la Sagesse : Sg7,13

Ce que j'ai appris avec simplicité, j'en fais part sans réserve,

je ne tairai pas sa richesse.

Garder toute cette expérience pour moi ce serait égoïste;

d'où l'idée de vous partager simplement mon récit…

Bonjour à tous,

Dans quelques minutes je pars pour faire le pèlerinage de St-Jacques de Compostelle en Espagne.

Je vais réaliser le rêve de l'agent Yves Goyette décédé dernièrement.

Je vais, bien entendu, prendre le temps de me ressourcer et de prier pour vous tous.

Je porterai dans mes prières vos intentions et je confierai à St-Jacques les difficultés qu'il nous arrive de vivre dans nos milieux de travail. Bien sûr que je remercierai le Seigneur pour toutes nos réussites et les succès que nous vivons dans notre nouvelle ville.

Au plaisir de se revoir après ce pèlerinage de 2 semaines. Vous pouvez me suivre sur Internet sur le site des chemins de Compostelle. Je ferai la route d'Astorga jusqu'à Santiago de Compostella.

Paul Racette d.p.

Conseiller moral et spirituel pour l'association des

policiers-pompiers de Trois-Rivières

Préface

Les raisons pour entreprendre un pèlerinage sont multiples. Paul nous révèle les siennes dans sa marche à travers ce beau pays qu'est l'Espagne. Vous allez être étonné à la lecture de son récit tout comme vous pourrez nourrir votre foi grâce à son vécu.

Par ce livre je suis privilégié, comme vous, de l'accompagner sur la route de Compostelle et de porter avec lui la besace de toutes ses intentions. Quelle grâce de vivre une grande communion de coeur avec ce diacre- voyageur! Tout au long de son périple il a fait des expériences enrichissantes et il a eu aussi des moments difficiles, mais en gardant le même objectif d'aller toujours plus loin et d'arriver à Santiago. En marchant il a atteint de hauts sommets dans son amour pour le Seigneur et il nous les partage généreusement dans son récit.
Ce trajet lui a permis de mieux se connaître et de découvrir ce que Dieu attend de lui. Il a eu maintes occasions d'expérimenter dans ce voyage la solidarité, la prière, le partage, l'amitié.

Laissons-nous guider par pèlerin à travers nos propres chemins

afin d'arriver, nous aussi, à nous dépasser pour rencontrer Jésus.

François Doucet, ptre

Table des matières

Chapitre Page

Préface de François Doucet ptre - 7

1 Quand l'appel est plus fort que la raison - 13

2 Jeudi le 12 octobre 2007 1ère journée de marche

Astorga – Rabanal del Camino, distance 21,5 km,

altitude de 869 m à 1149 m - 25

3 Vendredi le 19 octobre 2007 2e jour de marche

Rabanal del Camino - Ponferrada distance 32,9 km,

altitude de 1149 m à 1500 m à 541 m - 47

4 Samedi le 20 octobre 2007 3e jour de marche

Ponferrada – Villarance del Bierzo, distance 22,8 km

altitude de 541 m à 415 m à 510 m - 70

5 Dimanche le 21 octobre 2007 4e jour de marche

Villafranca del Bierzo – O Cebreiro, distance 30 km au

lieu de 28 km, détour dû à erreur de parcours) altitude

de 510 m à 1330 m - 95

6 Lundi le 22 octobre 2007 5e jour OCebreiro –

Triacastela, distance 21 km altitude de 1330 m à

665 m - 106

7 Mardi le 23 octobre 2007 6e jour de marche Triacastela – Sarria por San Xil – Barbadelo, distance 22 km altitude de 665 m à 895 m à 453 m à 570 m - 118

8 Mercredi le 24 octobre 2007 7e jour de marche Barbadelo – Portomarin distance 18 km altitude de 570 m à 665 m à 387 m - 133

9 Jeudi le 25 octobre 2007 8e jour de marche Portomarin - Palas de Rei distance 25,1 km altitude de 350 m à 755 m à 560 m - 152

10 Vendredi le 26 octobre 2007 9e jour de marche Palas de Rei - Arzua distance 29,5 km altitude de 560 m à 300 m à 380 m - 171

11 Samedi le 27 octobre 2007 10e jour de marche Arzua - Monte Del Gozo distance 35,3 km altitude 380 m à 550 m à 240 m à 365 m - 189

12 Dimanche le 28 octobre 2007 11e jour de marche Monte Del Gozo – Santiago de Compostela distance 5 km alitude de 365 m à 260 m - 206

13 Lundi le 29 octobre 2007 Départ de Compostelle - 222

14 Le pèlerinage n'est pas terminé - 235

15 L'expérience de la souffrance - 243

16 Prier davantage - 249

17 La fin des douleurs - 251

Conclusion - 269

Répertoires des chants - 274

«Il est préférable de mourir en route pour un idéal trop élevé

que de ne pas partir du tout.»

Citation d'Origène

Chapitre 1

Quand l'appel est plus fort que la raison

Quelque temps après avoir présidé les funérailles de mon confrère de travail Yves, décédé du cancer, il m'est venu une idée farfelue et saugrenue : partir pour St-Jacques de Compostelle. En fait, c'était le projet de retraite qu'Yves m'avait partagé. Il avait déjà commencé à préparer son voyage même s'il prévoyait prendre sa retraite dans quelques annnées seulement.

J'avais déjà songé à faire ce pèlerinage moi–même un jour, mais il faut dire que c'est surtout ma femme Lise qui rêvait d'un tel périple. Et là, c'est moi qui me sens soudainement envahi par le désir très fort de partir immédiatement, même sans préparation. Une sorte de remord m'envahissait, car c'était d'abord et avant tout le rêve de ma femme. Je n'osais pas encore lui en parler, je méditais cela en moi-même.

Mais cet appel était si fort qu'il envahissait toutes mes pensées. Il fallait que je parte. En même temps je me disais ça n'avait pas vraiment de bon sens : je n'avais pas de préparation adéquate pour entreprendre une telle marche même si je suis en bonne santé et relativement en forme...

Et voilà que la tentation devient encore plus forte quand je reçois en cadeau des livres parlant du chemin de Compostelle ayant appartenu à mon ami Yves .... Et en plus, je reçois un montant d'argent en cadeau que le donateur m'invitait à utiliser pour prendre soin de moi car disait-il : «tu prends assez soin de nos policiers et de leurs familles qu'il faut aussi que tu prennes soin de toi.»

En faisant des recherches sur internet concernant le chemin de Compostelle, je consulte déjà les conseils d'usage aux personnes qui désirent faire le pèlerinage. Les tensions que j'avais vécues lors de l'accompagnement de mon ami pendant son cancer m'avaient épuisé, et je ressentais le besoin de me retirer pour décompresser. Cela me semblait une occasion rêvée de m'arrêter en m'éloignant de tout, pour refaire le plein d'énergie et surtout pour prendre une occasion de me ressourcer.

Il faut dire que dans les 3 dernières années, Yves était le 3e confrère de travail atteint du cancer que j'accompagnais jusqu'à son décès. Tous ces camarades de travail avaient à peu près le même âge que moi. Cela remettait en question mon train de vie. Est-ce que j'utilise bien le temps qui m'est offert sur cette terre? Si je meurs, est-ce que je serai satisfait de ma façon de vivre? Pourrais-je dire : mission accomplie?

Partir pour Compostelle à la dernière minute sans aucune préparation physique c'était à prime à bord insensé, il faut bien l'avouer, mais l'appel était très intense. Je regarde d'abord si j'ai la possibilité de prendre des vacances. À ma surprise, il m'en reste suffisamment pour partir 2 semaines, et la période de l'année où il était recommandé de faire le pèlerinage concorde. Il est en effet fortement suggéré de terminer le pèlerinage au plus tard à la fin octobre parce que plusieurs refuges ferment leurs portes, étant donné que la saison des pèlerinages se termine au dernier dimanche d'octobre. Hé oui, là je dois faire face à l'évidence; je suis dû pour y aller, il y a trop de coïncidences; je me décide et j'annonce à ma femme que je pars... J'étais mal à l'aise, mais poussé par une force intérieure qui me disait pars : «et va plus loin...»

Ce «va plus loin» me suit depuis la fin de mes cours à l'école primaire. Vers l'âge de 13 ans, lors d'un camp vocationnel chez les frères du Sacré-Coeur, un chant de John Littleton dont le titre est justement : «Va plus loin[1]», m'avait beaucoup interpellé et il est toujours resté dans ma tête et dans mon coeur. Depuis ce temps il est devenu pour moi un leitmotiv. Je le chante avec toujours la même ardeur, ressentant à chaque fois cet appel d'aller plus loin dans ma recherche de Dieu. En voici le refrain :

o Va plus loin même si tu te crois arrivé.

Va plus loin le voyage est à peine commencé

et la route sera longue vers la fraternité

et l'horizon de l'amitié… o

Ce chant va bien avec ce projet de pèlerinage, il lui va comme un gant. Je ne m'attendais pas à vivre avec autant de passion la teneur de ces paroles. Le chemin de Compostelle m'invitait à faire mien ce message d'envoi, à mettre en pratique physiquement et intérieurement cet appel de Dieu.

Ma décision est donc prise et je prends 2 semaines pour tout préparer, y compris l'entrainement physique… Mais cette voix intérieure devient de plus en plus insistante. Je me sens comme un adolescent agissant sur un coup de tête. Je me trouve donc un sac à dos, un billet d'avion, mon passeport et j'ai à peine le temps de téléphoner à un membre du comité des amis de Compostelle pour qu'il me conseille. Par hasard, un ami qui avait déjà fait Compostelle et qui m'avait informé de l'existence du regroupement des pèlerins de Compostelle, me croise alors que j'étais à la messe au sanctuaire Notre-dame du Cap, pour confier à Marie ce projet emballant et fou tout à la fois. Il m'informe que mercredi, dans 3 jours, il y a une rencontre d'information sur Compostelle pour ceux qui désirent faire ce pèlerinage. Je lui avais fait part 1 semaine plus tôt de mon désir d'aller faire ce pèlerinage. Trop tard lui dis- je, en lui annoncant mon départ pour l'Espagne le lendemain.

Il fallait être un peu cinglé pour entreprendre un tel périple, mais je me console en me disant que je suis vraiment fou, mais surtout fou de Dieu. Je suis peiné pour Lise, ma femme, car c'est comme lui empruntant son rêve, mais je suis aussi excité de partir seul pour une randonnée qui promet d'être très émouvante et remplie de surprises et d'inattendus.

Et voilà je pars! Un très bon ami de longue date qui est prêtre, m'offre de me conduire à l'Aéroport Montréal-Trudeau. Cela fait l'affaire de Lise car elle déteste les au-revoir. En chemin, il me demande si j'ai des attentes ou des désirs concernant ce voyage. Je lui partage alors un souhait secret que je portais. Si je réussis à économiser, i.e. à ne pas tout dépenser l'argent prévu pour mon séjour en Espagne, je vais regarder la possibilité de m'acheter une guitare espagnole. Je ferais cela à la fin du périple car je ne veux pas trainer ce bagage suppplémentaire pendant mon expédition. Le long du chemin lorsque je traverserai les villes, je regarderai dans les boutiques pour savoir à quel prix je pourrais m'en procurer une. Si c'est abordable, je m'en rapporte une. Mon ami me dit : «Paul tu pourras t'en acheter une car je vais te la payer, ce sera ma participation à ton voyage.» Je lui dis que ça n'a pas de bon sang, c'est trop. Il insiste et je lui dis que je verrai sur place. Intérieurement, je me dis que je peux très bien faire cet achat une autre fois; après tout c'est déjà suffisant d'entreprendre ce projet.

De plus, cet ami me dit en chemin que je devrais écrire un livre à propos de mon voyage. Très sincèrement et d'un ton convaincu je lui réponds : Es-tu malade! Je n'ai jamais écrit un livre de ma vie, c'est quoi cette idée là? Ça n'a pas de sens, voyon. Et il rajoute : «Je ne sais pas, ça va sûrement être spécial ce que tu vas vivre et il y en a beaucoup qui écrivent justement leur récit de voyage. En tout cas tu verras...»

C'est avec toutes ces idées en tête que je prends l'avion pour me rendre à Madrid, mais après, rien de précis n'est prévu. Je verrai sur place par où et comment je peux me rendre sur le chemin de Compostelle... tant qu'à vivre l'aventure, allons-y... Ayant quand même conservé un brin de sagesse, je prends l'initiative de m'inscrire comme membre des Auberges de jeunesse pour pouvoir avoir un endroit ou dormir en cas de besoin. Je savais aussi qu'un train reliait Madrid à Leon, une ville par où passe le Camino Frances de Compostelle.

Arrivé à Madrid je me dirige donc à la gare centrale pour m'informer des heures de départ du train pour Leon. Il y en a un l'après-midi même alors allez hop! Je m'embarque pour un petit voyage qui va durer environ 4 heures. J'en profite pour contempler les paysages. À la gare de Leon, je me retrouve en plein coeur de ville, à pied avec mon sac à dos regardant ici et là cette masse de monde qui déambule et se livre à leurs activités quotidiennes. Je demande au premier passant rencontré où est le Camino (le chemin de Compostelle). Il me répond en espagnol. Je comprends par sa gestuelle que je n'ai qu'à aller tout droit sur cette rue. C'est bien logique, car au loin j'aperçois ce qui doit être la cathédrale de Léon et inévitablement je suppose que le chemin doit passer là. Pendant que j'effectue mes premiers vrais pas de pèlerins, je pense à mon trajet et je suis indécis quant à la distance totale que je devrai parcourir. De Léon, cela me semble loin pour me rendre à Compostelle dans le temps dont je dispose. Mais la description du chemin rend cette portion du parcours très intéressante et attirante. Par contre, la sagesse m'indique que je devrais partir d'Astorga. C'est finalement ce que je décide de faire en apercevant les coquilles St-Jacques faites de bronze qui sont incrustées dans les chemins piétonniers de la ville de Léon.

La cathédrale de Léon que je n'ai pu admirer que de l'extérieur. En face de la cathédrale de Léon, j'aperçois par hazard un kiosque touristique. Je prends les informations sur l'autobus qui pourrait me conduire à Astorga et avoir une suggestion pour trouver un refuge pour pèlerin à la fin de ce premier soir. Je suis trop emballé par cette aventure qui commence et je ne ressens aucune fatigue malgré le fait d'un décalage horaire de 6 heures et d'un bon voyage d'auto, d'avion et de train.

Je suis déjà comblé par mon arrivée à Leon, car cela ressemble au vieux Québec et l'extérieur de la cathédrale est superbe. Je me laisse vagabonder dans ces belles rues piétonnières en plein coeur d'une zone touristique. J'aperçois, à l'entrée d'une boutique de souvenirs, une réplique grandeur nature d'Elvis Presley guitare à la main. Je suis vraiment en train de décrocher. Même si cela aurait dû être le cas, je ne pense même pas à mon désir de m'acheter une guitare. Je suis seul dans un endroit inconnu. Je me promène ici et là. Je sens vraiment cet appel à m'abandonner à la providence et à me laisser guider par St-Jacques. Au refuge pour pèlerins qui m'a été suggéré par la préposée du kiosque touristique et qui est administré par une communauté religieuse, il y a une soirée de prière pour les pèlerins. J'y participe et j'y reçois une bénédiction spéciale par celle qui préside la cérémonie. Un premier choc; je me retrouve dans un dortoir où les lits simples et à 2 étages sont collés les uns contre les autres pour héberger le plus de gens possibles. Je suis au 2e étage d'un lit qui craque à chaque fois que je respire ou presque. Par chance, je n'ai pas oublié mes bouchons pour les oreilles. Je pense au pauvre gars couché au 1er étage de mon lit qui entendra tous ces craquements. Il vient de l'Ouest canadien me dit-il. La conversation est difficile, il est solitaire et je le respecte. Un homme trébuche dans la salle de bain ce soir-là et se blesse légèrement au dos : cela m'interpelle à demeurer vigilant et à être prudent. Ma rencontre avec une pèlerine à la cuisine de ce refuge engendre une belle discussion. C'est une Montréalaise qui terminait son pèlerinage à Leon. Elle avait fait Compostelle l'année d'avant, mais avait manqué une partie du périple à cause de problèmes de santé et elle était venue faire les quelque 100 km qu'elle n'avait pu faire. Elle me rassure en disant qu'on ne manque de rien sur le chemin de Compostelle. Pour bien débuter mon pèlerinage je me couche tôt même si, en cette fin de journée, je ne ressents toujours pas de vraie fatigue. Cela m'étonne et m'intrigue. C'est sûrement dû à l'excitation et la fébrilité du moment. Chose certaine je ne trouve pas cela normal. Je suis sur l'impression d'avoir vécu tout simplement une journée régulière...

Chapitre 2

1ère journée de marche

Léon – Astorga en autobus et

Astorga – Rabanal del Camino 869 m à 1149 m

Jeudi le 18 octobre 2007

Le lendemain, je me lève à 5h30, car on m'avait indiqué que le premier autobus partait à 6h30. Je pars donc sous les étoiles, à travers la ville de Léon presque inhabitée à cette heure matinale. Le chemin des étoiles, c'est un des noms qui est donné à la route des pèlerins. Je l'expérimente dès ce 1er matin, car à cette heure-là et à ce temps-là de l'année il fait noir très tard. Je marche donc de nuit et et la première personne que je rencontre est un homme ivre, qui a peine à se tenir debout et venant tout droit vers moi dans une ruelle étroite. Ma première réaction en est une de désolation, car je travaille dans le milieu policier et on a très souvent affaire à cette clientèle. Moi, qui étais venu décompresser de mon travail, je dois affronter à mon premier départ un gars très amoché. Je constate que la souffrance humaine est tout aussi présente ici qu'au Canada. Malgré que je marche de nuit, je trouve que le chemin est très bien indiqué et lorsque je m'arrête à une intersection pour m'asurer de la direction à prendre, le premier automobiliste qui passe, prend le temps de s'arrêter et me crie : «El camino!» Et il m'indique où je dois aller... c'est rassurant et étonnant de voir que les gens prennent le temps de s'arrêter ou viennent vers nous pour nous guider....

Au terminus d'autobus, je prends le temps de déjeuner, car finalement l'autobus ne part que vers 8h... Il y a plusieurs personnes dans ce restaurant et je remarque un homme venant se chercher 2 bières ouf... il semble lui aussi ne pas avoir fini d'arroser sa veillée... Dans l'ère d'attente du terminal d'autobus, je l'aperçois avec une dame. Le couple est en boisson et lui la bouscule devant les quelques personnes qui sont présentes.

Bon, disons que l'atmosphère du pèlerinage est à discuter... Je sors donc pour prendre le temps de visiter une partie de la ville «by night» avec mon sac à dos. Je découvre une partie de cette belle ville en me demandant : «Mais qu'est-ce qui va m'arriver sur ce chemin?» Je vois alors une jeune fille qui semble vivre de la prostitution et qui accoste un gars... Plus tard, suite à la suite d'une confidence d'un autre pèlerin, je comprends que ces rencontres désagréables sont comme les méchants chiens que nous rencontrons sur le chemin. Ils nous empêchent d'avancer... C'en est ainsi dans nos vies, il y a de ces chiens méchants qui nous empêchent de demeurer sur le droit chemin ou du moins d'avancer librement et d'être vraiment heureux.

Avant l'arrivée de l'autobus, je rencontre à nouveau la dame de Montréal avec qui j'avais discuté la veille. Elle accompagne un homme âgé de 78 ans; un Japonais qui est seul et qui ne parle que le japonais... Il est très sympathique et je l'admire, osant venir ici seul sans aucune connaissance de la langue...
Il se dirige à la même ville que moi, c'est pourquoi elle me

demande si je ne le prendrais pas sous mon aile pour la route jusqu'à Astorga; voilà donc mon premier accompagnateur. Pendant le trajet en autobus, nous communiquons par signes. Il s'émerveille lorsqu'il aperçoit des pèlerins marchant sur le chemin de Compostelle. Je lui fais signe que tantôt ce sera notre tour de marcher. Et nous voilà, en plein centre-ville d'Astorga.

Je ne sais pas du tout où je suis par rapport au camino... Nous apercevons alors la cathédrale. Je m'y dirige en me doutant que le chemin doit sûrement passer par là. Ensemble, nous faisons une visite rapide des lieux, car je suis pressé de prendre le chemin. Mon ami japonais me suit et nous faisons estamper notre crédencial. Au sortir de la cathédrale, j'aperçois le fameux signe tant recherché : une première flèche jaune nous indique le chemin à prendre. Nous sommes contents, car nous savons que nous sommes vraiment sur le chemin. Après la 2e flèche, mon compagnon japonais me tape sur l'épaule et me montre un bout de papier sur lequel sont écrits des mots en japonais avec la traduction en anglais et en espagnol. Il m'indique le mot autobus et le nom d'une autre ville, il semble vouloir se rendre à l'arrêt d'autobus pour se rendre à la prochaine ville... Bien, je vais me retrouver seul! Étrangement, je ressens un peu d'insécurité. Je comprends ce qu'il veut me dire et je suis heureux pour lui. J'appuie bien sûr sa décision de faire le périple en autobus d'une ville à l'autre. Avec son âge, seul et sans connaître d'autres langues que le japonais, il est bien compréhensible que ce soit sa façon à lui de faire le pèlerinage... Je me retrouve donc seul, mais rassuré d'être sur le bon chemin. Dans le fond, je ne suis pas seul, car à mon retour en examinant les cartes, je me rends compte que le nom de la première rue que j'ai emprunté est : le Saint-Esprit. Cette rue est directement située face à la cathédrale d'Astorga. Je marche donc d'un pas sûr me laissant émerveiller par cette route que je découvre enfin. Je n'hésite pas à faire un autre arrêt à une église franciscaine, même si je débute à peine ma marche...Je suis encore dans la ville d'Astorga. Je me dis : la route va être longue, mon Paul, si tu t'arrêtes à tous les instants comme ça. J'y visite la chapelle demandant à St-François de me guider et de me protéger. Une religieuse me voyant recueilli dans leur chapelle sombre, prend le temps de tout illuminer la chapelle. C'est superbe et même si j'ai peu de temps, elle laisse les lumières allumées à peine 5 minutes, cela me permet de prendre un élan de pèlerin. C'est comme une invitation à ne pas m'attarder, à aller plus loin oui «va plus loin»... Quoi de mieux pour entreprendre une route que demander à mon ami St-François de m'accompagner? De plus, cela me rappelle les pèlerinages faits à Assise. En repartant, les religieuses, à qui j'avais confié la raison de ma venue sur ce chemin, m'assurent de leurs prières.

Cette première journée de 22 kilomètres de marche, est une occasion de me détacher de mon train de vie moderne. La course folle est mise de côté pour les prochains jours. Tout est nouveau sur ce chemin, je suis dans l'inconnu. Je marche seul toute la journée croisant rarement des personnes; je constate la salutation suivante : Buon Camino! Les pèlerins qui se dépassent ou se rencontrent lors de leurs arrêts se souhaitent toujours un bon chemin. Cette salutation est très sympathique et ces paroles amicales nous donnent un élan et créent un sentiment d'appartenance pour ce groupe de gens venus des 4 coins du monde. Le chemin s'annonce être plat pour commencer et je prends contact avec les bornes de ciment installées ici et là sur lesquelles figure une coquille St-Jacques peinte en jaune, symbole du chemin de Compostelle. Elles sont là pour nous indiquer que nous sommes bel et bien sur le chemin.

Un des indications nous rappelant que nous sommes sur le chemin de Compostelle.

Je fais le vide tout en prenant le temps de prier le rosaire avec le chapelet que mon beau-père avait acheté lors d'un voyage touristique à Compostelle. Il me l'avait donné lors de mon anniversaire de naissance, 3 mois avant mon départ. Chaque grain est fait en forme de coquille St-Jacques. Il est en métal et est très lourd. Lorsque mon beau-père me l'a offert, j'ignorais totalement, à ce moment-là, que je viendrais à Compostelle. Jamais auparavant je n'avais reçu un cadeau religieux et encore moins de mon beau-père. Est-ce que St-Jacques m'appelait déjà? Serait-ce qu'il me faisait signe d'aller sur son chemin et en plus sous la protection de Marie?

Je prends le temps d'admirer la nature qui se fait simple en cette première journée. Les montagnes que j'aperçois à l'horizon embellissent le tout. Les villages qui surgissent tout d'un coup dans le paysage ajoutent de la variété. Je me mets à chanter cette chanson apprise dans ma jeunesse2 :

o Un mille à pied ça use, ça use, un mille à pied ça use les souliers... o

Comme j'ai une longue route à faire, je m'impose de la chanter jusqu'à 100 milles à pied... Cela passe le temps, mais après un certain temps, je me traite de fou, car c'est monotone et ça finit par être très long. Je m'étais engagé à la chanter jusqu'à 100, mais là ma promesse n'avait vraiment pas d'allure. Alors, pour qu'elle soit signifiante, à chaque chiffre que je chante, je prie pour le policier que j'ai connu dans mon travail et qui porte ce numéro de matricule. Je me rappelle alors un confrère, ce qu'on a vécu ensemble et je le confie au Seigneur. Quelle bonne idée! Je me suis dit qu'au moins cela me sert vraiment à penser à chaque membre du personnel avec qui je travaille et qui est identifié par un numéro. Je chante avec entrain et ça devient très intéressant, car à chaque numéro je prie pour une nouvelle personne. Mais je suis allé trop vite encore une fois dans mes promesses. J'avais oublié que j'ai des confrères de travail qui ont des matricules jusque dans les 900. WO! Je ne suis tout de même pas pour chanter ce chant jusque dans les 900... Mais j'ai la présence d'esprit de me rappeler qu'à l'école j'avais appris non pas seulement à compter à l'unité, mais aussi par dizaines et même par centaines. Alors une fois rendue à 100 j'ai continué la même chanson, mais centaine par centaine en pensant quand même à tous ceux et celles qui étaient concernés.

Lorsque j'aperçois une fleur sauvage en bordure du chemin piétonnier, je me rappelle cette demande de ma femme qui désire que je lui apporte des fleurs séchées. Je me suis dit : chaque jour je vais cueillir la première fleur que j'apercevrai sur le bord du chemin... Et voilà, la première fleur cueillie me permet de penser à celle que j'aime depuis plus d'un quart de siècle et au moment où je vois cette fleur je chante toujours la même chanson en étant rendu à : z 22 milles à pied ça use, ça use... «Je me suis marié à Lise un 22 mars et j'ai commencé à sortir avec elle un 22 décembre. À cet endroit précis où j'ai aperçu cette fleur sauvage il y avait un panneau d'indication routière portant le chiffre 22. Ma réaction a été de dire quelles coïncidences!» Tous ces fruits du hazard provoquent en moi une joie intense. Je me rappelle ces beaux moments vécus avec Lise. En cueillant la fleur, c'est comme une partie d'elle que je prends avec moi et que je dépose alors dans mon guide du pèlerin de Compostelle. Ce livre est toujours gardé dans ma poche de pantalon car j'ai à le sortir souvent pour vérifier où je suis rendu. Ce guide, ayant appartenu à mon ami Yves et qui lui avait été donné et dédicacé par un de ses amis, qui avait lui-même fait le chemin en 2005, est maintenant mon livre de référence. En arrivant au refuge de pèlerins, je reprends cette petite fleur et la dépose dans mon bréviaire; ce livre de prières que j'utilise 2 fois par jour et qui m'aide à garder contact avec Dieu. C'est un recueil de prières et

de Paroles de Dieu avec lequel les personnes ordonnées dans un ministère s'engagent à prier chaque jour de leur vie pour l'Église universelle. Je confie donc ma femme et ma famille au Seigneur en déposant cette petite fleur dans mon bréviaire.
Toujours au même endroit, je n'ai pu m'empêcher de penser à mon ami Jean-Pierre Petit, policier et aussi joueur de hockey car dans tous ses sports il portait le numéro 22. C'était son numéro chanceux. Il est le premier policier avec qui j'ai pu expérimenter une démarche complète d'accompagnement d'une personne atteinte d'un cancer qui finirait par l'emporter. Il m'avait fait totalement confiance et c'est grâce à lui si j'ai pu réaliser une des plus belles funérailles. Quelle belle école de la vie celui-là m'a fait vivre!

C'est lors de cette première journée de marche que j'achète mon premier souvenir du chemin de St-Jacques... Une coquille St-Jacques que je porterai au cou pour le restant de mon pèlerinage. Ce qui nous vient en tête lorsque l'on prononce ce nom de coquille St-Jacques c'est une bonne recette de fruit de mer servie dans une coquille de ce genre. Mais ici, la coquille St-Jacques, rappelle les premiers pèlerins qui ont marché sur ce chemin et qui se servaient d'une telle coquille pour puiser de l'eau. Cette eau si importante et si précieuse pour le marcheur que je suis. Elle me rappelle aussi que je marche en pèlerin et que la source, à laquelle je m'abreuve est mon Dieu d'amour, que St-Jacques et maman Marie me guident vers son Fils Jésus tout au long de cette démarche de foi que je suis entrain de réaliser. Mais au départ, j'avoue que cette coquille St-Jacques que je porte au cou et qui m'arrive à la hauteur du coeur me rappelle ma femme. À chaque fois que je porte ma main sur cette coquille, c'est comme si je touchais le corps de ma femme et que je la sentais présente en mon coeur... Celle que j'ai choisie comme épouse me sera présente d'une façon spéciale tout simplement par cet objet symbolique dont je suis aussi fier de porter que mon anneau de mariage.

Le bar Cowboy Meson située avant El Ganso,

lieu typique pour se désaltérer et échanger avec les autres pèlerins

Sur l'heure du dîner, la faim me tiraille et me force à prendre un premier vrai temps d'arrêt sur un simple banc de ciment au milieu d'un chemin désert. Je suis seul en pleine nature et je prends soin de mes pieds en me déchaussant pour les aérer un peu et éviter que des ampoules ne se forment. Mais comme je vis encore au rythme endiablé de notre société moderne, la halte ne se fait pas longue.

En route je ne cesse de chanter, car je suis toujours un joyeux troubadour. Le chant a cette magie de nous transporter et de nous aider à suivre gaiement tout chemin que l'on prend. En ce début de pèlerinage, un chant de Robert Lebel3 m'interpelle particulièrement, car il dit ceci :

o Qu'elle est cette folie qui s'empare du monde,

qu'elle est cette folie qui s'empare de nous? (bis) o

Durant tout le pèlerinage ce ne sera que cette 1ere journée que je fredonnerai ce chant. Comme s'il m'invite simplement à un questionnement et ensuite à passer à autre chose. Oui, je me questionne : qu'est-ce qui nous pousse à venir ici marcher, marcher et encore marcher? Qu'est-ce qui nous pousse à nous laisser guider par ce St-Jacques, apôtre de Jésus Christ dont on ne connaît pas beaucoup de choses? En tout cas, moi, ce saint ne m'est pas très bien connu, je l'avoue. Mais c'est plus fort que moi, je ressens toujours cet appel à me laisser guider par lui, à suivre son chemin qui mène je ne sais où, mais plus j'avance, plus je me sens bien. Je déguste l'air frais de cette nature si belle, mais en même temps si simple. Tout comme les gens que je commence à rencontrer. La simplicité semble envahir tous ceux et celles qui empruntent cette route, dénuée d'artifices...

Selon le guide que j'utilise, Rabanal del Camino est suggéré comme halte. Mais je suis indécis à mon arrivée dans ce beau petit village. D'abord, j'entre dans une toute petite chapelle et je suis émerveillé par la beauté des différentes sculptures et décorations de feuilles d'or. Que c'est beau! C'est pourquoi je m'attarde une quinzaine de minutes admirant ces chefs-d'oeuvre faits de mains d'homme il y a des siècles. Mais je trouve bien dommage que cette chapelle ne soit pas bien éclairée. Il fait très sombre.

Je me dis que les gens auraient grandement avantage à y ajouter de l'éclairage, car c'est assez beau pour que ça vaille la peine de s'arrêter et d'y prier. Mon excitation en début ce pèlerinage m'empêche de bien me concentrer, car après 15 minutes de contemplation je m'aperçois que j'ai encore mes lunettes de soleil sur les yeux.... Mieux vaut en rire... Mais quelle joie de constater que sous la lumière du jour cette chapelle est plus que belle! Là, l'émerveillement est encore plus intense. Il a suffi de retirer ce qui m'aveuglait pour en profiter pleinement. Il en est de même dans nos vies. Des situations font qu'on ne voit pas ce qui se passe dans notre quotidien, trop affairés à toutes sortes d'occupations. Mais quand on prend le temps de s'arrêter et de faire du ménage, la vie s'embellit, surtout quand elle se montre sous son vrai jour.

Au sortir de cette chapelle, c'est un besoin naturel qui me force à m'arrêter à l'auberge de pèlerins située tout juste à côté de l'Église du village. Je questionne les hospitaliers, un couple de Chicago, qui sont là comme bénévoles pour nous accueillir. Selon eux, il

serait plus sage que je m'arrête. Car la route est longue avant le prochain refuge et en plus d'être difficile. Ils sont charmants et si accueillants. La visite des lieux me fascine, alors je décide de m'arrêter. Sans le savoir, je me retrouve dans le même refuge que quelques-uns de mes futurs compagnons de route. La Providence me permet de créer des liens de fraternité de grande qualité avec des gens venant des 4 coins du monde. C'est le début de toute une expérience communautaire et universelle. Au refuge, je rencontre pour la première fois celui qui a comme surnom Buzz, comme le Buzz lightyear de Disney. Il a le physique de l'emploi, car c'est un joueur de rugby professionnel. De plus, il ressemble beaucoup à mon ami Jean-Pierre tant physiquement que du point de vue de l'attitude.
Rabanal del Camino, un beau petit village simple mais complet.

Après m'être installé sur un bon lit, tout près de la fenêtre donnant sur l'Église, je poursuis la visite des lieux et de la magnifique cour. Par la suite, j'expérimente ce que ma grand-mère maternelle a fait toute sa vie : utiliser une planche à laver. Je me dépêche de l'étendre pour qu'il sèche avant la tombée de la nuit. Toute une expérience à vivre, mais il y a quand même un peu de commodité : une essoreuse à main... L'hospitalier américain qui a un grand sens de l'humour, me dit que grâce à cette essoreuse, demain nous aurons droit à un bon jus de pomme... il me montre alors le bac contenant le résultat de l'essorage... Le lendemain matin le petit déjeuner nous sera offert à cette auberge, mais habituellement chacun apporte sa nourriture.

Nous avons beaucoup de plaisir à partager nos vécus et je me rends compte que je réussis à bien utiliser la langue de Shakespeare. Sa femme m'apprend que le travail de son mari consistait à tester des avions pour assurer la sécurité de l'ONU et que tous ceux qui ont commencé en même temps que lui sont décédés. Alors, ils ont décidé de prendre le temps de vivre en prenant leur retraite avant qu'un malheur n'arrive. Ils ont fait le chemin de Compostelle l'an dernier et cette année ils le refont par ce bénévolat. De toute évidence, ils sont à leur place, car ils nous gâtent par leur accueil chaleureux. En soirée, comme la nuit s'annonce fraîche, cet hospitalier prend la peine d'allumer un bon feu de bois au sous-sol; ce qui réchauffe notre dortoir. Et dire que je détestais la mentalité américaine au point d'éviter d'aller aux Etats-Unis; je reconnais mon erreur à porter des jugements hâtifs; ces personnes me rappellent que dans chaque être humain il y a cette présence merveilleuse du Christ qui nous accueille.

Pour me reposer de cette belle journée de marche, je vais sillonner les rues du village afin d'y découvrir de beaux petits coins typiques et charmants. Ce qui fait du bien, c'est de ne pas porter son sac à dos. La visite en vaut la peine et j'ai la chance de trouver un café internet afin d'envoyer des nouvelles à ma famille et à mes amis. J'ai vraiment le goût qu'ils vivent avec moi ce périple qui s'annonce des plus passionnants. Autant que possible, je tenterai donc de les informer de ce que je vivrai chaque jour de mon pèlerinage. De plus, l'idée d'écrire un livre que mon ami m'avait invité à faire lorsqu'il m'a conduit à l'aéroport, commence à me trotter dans la tête. Ce que je vis ici dépasse déjà largement mes attentes. Ce n'est pas pour rien que mon ami m'a proposé cette

De magnifiques nids de cigognes décorent les clochers.

Idée. Je vais écrire le plus possible par internet et cela me servira d'aide mémoire pour l'écriture du livre s'il y a lieu.

Près de chaque refuge de pèlerins, se retrouve habituellement une chapelle où l'on organise une soirée de prière ou une eucharistie. J'y participe avec bon nombre de pèlerins. Après cette soirée, l'on se retrouve généralement au restaurant du village partageant un bon repas. Nous sommes réunis autour de la même table : des pèlerins de la Hongrie, du Brésil, de l'Afrique du sud, de l'Allemagne et moi le Canadien de souche québécoise. Tout près de nous se retrouvent des pèlerins de la France, de la Belgique et d'ailleurs. Ça sent le monde entier, le regroupement des gens de tous les continents partageant un appel à suivre ce chemin de St-Jacques... Au retour dans le dortoir du refuge, je me rends compte que mes voisins de lit sont Buzz de l'Afrique du Sud, Liège et Fernando du Brésil.

Avant de me coucher, pour prier mon bréviaire l'hospitalier me propose le salon au 1er étage, où il n'y a personne. Je n'avais pas visité cette salle et je me rends compte que je suis vraiment privilégié, car c'est un très bel endroit avec un beau foyer pour moi tout seul. Une belle guitare me fait un clin d'oeil au coin du foyer, mais je n'ai rien pour l'accorder. Je ne peux avoir un meilleur endroit pour prendre le temps de réciter mes prières du soir et me préparer à passer une bonne nuit de sommeil.

J'ai vraiment hâte à demain, car je placerai une cache de géocaching en l'honneur de mon ami Yves Goyette décédé du cancer il y a 1 mois. Le jeu de géocaching était une véritable passion pour lui. Il avait comme projet de faire le chemin de Compostelle à sa retraite et ma présence ici vise à réaliser son rêve et à laisser une trace de lui.

La nuit n'est pas très bonne; je ne savais pas que l'Église du village, avec son clocher situé tout juste à côté de ma fenêtre sonnerait les coups de chaque heure... eh oui! Jour et nuit, nous sommes informés de l'heure juste...

Voici l'état de mon âme tel que je l'ai exprimé par internet lors de mon arrêt à Rabanal del Camino. Je tenais à faire part de ce que je vivais à ma femme pour qu'elle transmette mes nouvelles à mes confrères de travail.

2e essai, les systèmes informatiques sont très lents ici.. «Bonjour à tous, mon premier message n'a pas fonctionné, alors j'essaie à nouveau et excusez les fautes, car j'ai peu de temps. C'est merveilleux et extraordinaire. Ça ne fait pas 24 hres que je suis ici et je suis émerveillé. Le voyage se déroule très bien et je suis très bien accueilli. J'ai commencé mon pèlerinage avec une dame de Montréal, ensuite un japonnais de 78 ans qui ne sait que quelques mots en anglais et en espagnol et il est venu seul, quel courage et quelle foi... ensuite, j'ai été accueilli à une auberge par des Américains de Chicago qui travaillent bénévolement à cette auberge pour 2 semaines. Je discutais tantôt avec un joueur de rugby de l'Afrique du Sud... une pièce d'homme. Il y a avec moi un couple de Belges qui sont partis à pied de Belgique, et ce, depuis près de 4 mois... je m'imagine mal comment vont être les prochains jours, car il me semble que je suis au 7e ciel. Parlant de ciel tantôt j'ai prié pour Jean Pierre, Marc et Yves et à ce moment en ragardant le ciel, j'y ai aperçu 3 belles traces de jet qui se croisaient dans le beau ciel bleu... là je vous quitte déjà pour me reposer et me préparer à demain qui s'avère être une dure journée. C'est la plus forte dénivellation du pèlerinage que j'entreprendrai et j'y poserai la cache de géocaching pour Yves Goyette à la cruz de ferro. Regardez l'endroit sur internet, vous y verrez cette croix de fer.

Je vous aime tous,

bye Paul

Chapitre 3

2e jour de marche Rabanal del Camino – Ponferrada

32,9 km 1149 m – 1500 m – 541 m

Vendredi le 19 octobre 2007

Rêver d'un impossible rêve...

disait Jacques Brel dans sa chanson «La quête».

Dans sa quête du bonheur, mon collègue de travail, Yves, avait comme rêve de faire ce chemin. C'est la première raison qui me motive à faire ce pèlerinage, car le cancer colorectal a eu le dessus sur lui. Parmi les grandes passions de mon ami Yves, il y avait la randonnée pédestre, l'observation des oiseaux et ce jeu qui en fait était presque un prétexte à aller marcher et se retrouver bien souvent en pleine nature : le géocaching. Sur géocaching.com vous pouvez en savoir plus sur ce jeu. Je me suis dit qu'Yves a laissé sa trace dans différents endroits au Québec en y faisant des caches où se retrouve son logo : la sauterelle. Je décide donc qu'Yves aurait aussi sa cache sur ce chemin. J'apporte donc une cache qui contient une pièce officielle de son logo, un calepin de notes, un crayon et un souvenir comme toute bonne cache. L'endroit que je choisis ou plutôt c'est l'endroit qui nous a choisi; la cruz de ferro c.-à-d. la croix de fer, un endroit de prédilection pour les croyants. À cet endroit, il y a un immense mât en bois et au sommet, une croix de fer. Au pied de ce mât, une montagne de pierres s'est formée par celles qu'apportent des milliers de pèlerins chaque année et qui les déposent à cet endroit. Le but est de se débarrasser de ses faiblesses ou offrir des épreuves pour s'en libérer...

Ce vendredi matin, je n'ai pas le goût aux longues discussions avec les autres pèlerins, car l'objectif de la Cruz de Ferro envahit mon coeur. Je quitte le refuge après un court, mais bon et simple déjeuner : yogourt, pain, confiture et boisson chaude. Il est 7h du matin mais il fait noir comme en pleine nuit et je pars seul avec ma lampe frontale; outil indispensable pour partir tôt à ce temps-ci de l'année. Il fait froid au point d'apercevoir la gelée au L'aube d'un de ces matins glacial, où chacune de mes expirations dessine comme des nuages dans l'air.

sol. Le chemin m'amène tout de suite dans un sentier boisé et très étroit. Cela m'inquiète un peu, suis-je sur le bon chemin?

À un des endroits, le chemin est à peine assez large pour une personne. Mais je continue, car ce chemin semble quand même être le bon. Plus loin j'aperçois une source d'eau, ça me rassure. Puis le chemin devient plus escarpé et j'aperçois un marcheur au loin. En arrivant au haut d'une falaise, c'est mon ami Ezio alias Buzz, que j'ai connu la veille. Il est là, dans la pénombre, à se reposer sur un rocher et surtout à admirer le lever du jour qui commence à poindre à l'horizon. Moi, je poursuis ma route, car mon but est à portée de main. Je sais que la cruz de ferro est à quelques kilomètres seulement. Je prends quand même le temps d'admirer le paysage et en particulier le lever du soleil alors que je suis à environ 1400 m d'altitude. Le soleil est levé et j'admire sa forme ronde qui brille admirablement. Il est 8h45, cela m'étonne de constater que le soleil se lève si tard. Quel éclat et que sa chaleur me fait du bien; autant il réchauffe l'air autant il me réchauffe le coeur. Je me sens guidé vers ce lieu mythique qu'est la cruz de ferro. Je poursuis mon chemin pour traverser le village quasiment fantôme de Foncebadon. Ce village ne me donne pas le goût de m'y arrêter tellement il est dans un état lamentable. Mais de superbes petits oiseaux m'accompagnent, ce qui provoque en moi une immense paix et la joie de partager un peu la passion de mon ami Yves, un ornithologue en herbe. Je poursuis la montée sous le soleil éclatant. Je cueille une petite fleur destinée à ma femme, me rappelant sa tendresse et l'amour qu'elle m'a démontrés en acceptant que je parte pour cette aventure. Tout à coup, Fernando, un jeune brésilien lui aussi rencontré la veille, me rejoint. Il file à vive allure, mais là il prend le temps de m'accompagner jusqu'à la cruz de ferro. Mais en se retournant tous les deux, l'on est estomaqué. Nous nous retrouvons au sommet sans nous en rendre compte et devant nous se révèle l'immensité de la création. C'est inimaginable, je n'ai jamais vu un tel paysage. Nous sommes plus hauts que tous les sommets des montagnes visibles à l'horizon. Nos appareils photographiques s'en donnent à coeur joie.

Enfin le voilà celui qui nous réchauffe et

qui nous permet de voir l'impressionnant panorama.

Une cache de géocashing à la Cruz de Ferro.

Ici gît le souvenir de « Sauterelle » surnom

de jeu d'Yves

Allez! On doit continuer se dit-on. Ça monte encore, mais très rapidement on aperçoit cette fameuse croix. Fernando est au courant de la raison pour laquelle je tiens à arriver à cet endroit. La veille, lors du souper, je leur ai partagé la mort de mon ami, ce qui m'a poussé à entreprendre la réalisation de son rêve et d'y laisser sa marque. Au pied de la croix, cette montagne de pierres nous fait prendre conscience de l'immensité des pèlerins qui ont foulé ce sol et qui y ont déposé une partie d'eux. L'émotion est très forte et Fernando sympathise avec moi. Il m'offre de me prendre en photo pendant que je fixerai la cache de géocaching au mât de la cruz de ferro. J'apprécie ce geste d'attention à mon égard. Il y a maintenant un mois, je présidais les funérailles de mon ami et présentement je souligne sa présence sous une autre forme. De là-haut je suis sûr qu'il appréciera cette délicatesse. Le temps de prier me libère d'une surcharge émotive. Le couple de la Belgique, Lude et Brigit, me rejoignent et ils compatissent avec moi et avec la famille d'Yves en apprenant ce que je duis en train de faire.

L'on avait échangé très peu ensemble la veille et là, voilà que l'on se raconte tout. Eux me partagent le fait qu'ils étaient partis de la Belgique à pied il y a plus de 3 mois, mais ils ont dû retourner chez eux en avion pour prendre le temps de participer aux funérailles de la soeur de Lude, décédée elle aussi du cancer. Ils sont revenus aussitôt les funérailles terminées pour poursuivre leur pèlerinage. À partir de ce partage à cette croix nous sommes devenus unis et très respectueux les uns des autres. Grâce à eux, que j'avais rencontrés rapidement au gite de Rabanal del Camino, j'ai appris l'existence du chant Ultréia. Ils m'avaient montré les paroles du chant, mais étaient incapables de me le chanter, n'étant pas de bons chanteurs. Depuis mon retour au Canada je le chante quotidiennement. Que j'aurais aimé le chanter pendant mon chemin; ce sera pour le prochain pèlerinage! Celui-là commence à peine et je suis convaincu d'y revenir.

Nous repartons ensemble, mais en respectant le rythme de marche de chacun. Je les laisse prendre de l'avance volontairement pour me retrouver seul en méditant sur cette belle expérience que je viens de vivre. Le ciel me parait encore plus beau, il y a quelque chose de différent, c'est intérieur et intense. Je me dis : mission accomplie et maintenant je me dois de prendre soin de moi. Oui, je dois mettre en pratique ce qui m'avait été dit quand j'ai reçu en cadeau un montant d'argent couvrant toutes les dépenses de ce voyage.

À partir de ce moment-là, je marche pour moi, pour refaire le plein d'énergie, pour me ressourcer et je me sens très bien dans cette démarche. Je suis encore plus emballé à tel point que je ne me rends pas compte que je marche probablement trop vite. Je marche à haute altitude pendant environ 6 km, c'est incroyable d'admirer la splendeur de ces montagnes. Je ne peux m'empêcher de chanter à haute voix le psaume de la création4 :

oMon Dieu tu es grand tu es beau, Dieu vivant

Dieu très haut, tu es mon Dieu d'amour.

Mon Dieu tu es grand tu es beau Dieu vivant,

Dieu très haut, Dieu présent en toute création. o

J'ai l'impression que l'écho transporte mon chant jusqu'aux cieux. Je contemple et m'émerveille devant tant de beauté pour nous. Notre corps, c'est aussi l'oeuvre de la création et je m'aperçois que je l'ai négligé. C'est beau d'être à 1500 m d'altitude, mais un moment donné il faut redescendre. C'est là que je ressens qu'au bout de mes orteils il doit y avoir des petites bulles d'eau... J'ai 20 km à descendre en passant de 1500 m à 600 m. Chaque pas me rappelle la présence de mes orteils... Je prends aussi conscience de la multitude de muscles qui composent notre corps, je commence à les sentir l'un après l'autre. Je reconnais et surtout je ressens que j'ai abusé d'eux... Je continue la descente et c'est à ce moment que je réalise qu'il est parfois plus facile de monter que de descendre. À chaque pas, je ressens une vive douleur à mon pied gauche, mais ce n'est pas grave car le paysage est toujours à couper le souffle. J'aperçois au loin le prochain village. Qu'il semble être loin, surtout qu'à chaque pas mon pied touche le fond de ma chaussure et ça fait mal! Comment vais-je me rendre jusque-là?

Finalement, je n'ai plus le choix et je m'arrête en chemin à travers les pierres et les ronces pour prendre soin de mes pieds. En enlevant mes bas, je me rends compte que plusieurs petites bulles d'eau ont poussé sous mes pieds. Je ne suis qu'au début du 2e jour de marche et il me reste 9 jours. Alors, je panse mes pieds, et ce, bien maladroitement, car je n'avais pas pensé à cette problématique à savoir comment bien prendre soin de mes pieds. Enfin, je rejoins le village d'El Acebo après avoir descendu pendant 9 km. Cela soulage de marcher sur un chemin plat. Une petite terrasse à la porte d'une épicerie nous permet de casser la croûte entre pèlerins. À nouveau j'ai rejoint Brigit et Lude, eux aussi se déchaussent pour prendre soin de leurs pieds. Je comprends que c'est le rituel, nos pieds ont vraiment besoin que l'on s'attarde à eux. La halte à El Acebo me permet de mieux panser mes plaies et de partager avec mes amis les Belges. Un bon petit sandwich confectionné à même un achat fait à la petite épicerie de la place me redonne de l'énergie. J'aperçois à l'intérieur de ce commerce une photo et la caissière m'explique que ce sont des Québécois qui avaient fait le pèlerinage en hiver et ils s'étaient arrêtés ici même. Ça me réconforte, je préfère mes ampoules au fait de faire ce chemin dans la neige en hiver...

Le village el Acebo nous enchante par toutes

ces galeries fleuries

Selon le guide pratique du pèlerin, que je garde toujours à portée de main dans ma poche, je constate qu'il me reste que 9 autres km avant d'arriver à Molinaseca. Là, je me reposerai au refuge de pèlerins de la place qui contient 50 lits. Je repars seul pour un bel après-midi de marche sous les chauds rayons du soleil d'automne. C'est pratiquement une température d'été. Je me dis que je ne suis plus seul, je repars avec du nouveau; il y a dorénavant mes ampoules qui vont m'accompagner pour le reste du voyage... et oui ça fait partie du pèlerinage maintenant. Or, le prochain objectif est la ville de Molinaseca, mais pour moi, c'est bien plus de trouver une place pour reposer mes pieds, car ils chauffent de plus en plus. Je ne rencontre pas beaucoup de gens sur cette partie de chemin et à un endroit la flèche jaune indique qu'il faut passer entre 2 maisons et je me retrouve dans un sentier étroit et rocailleux. Ça n'a vraiment pas l'air du chemin à tel point que je me demande si la flèche jaune qui indique toujours le chemin n'a pas été détournée dans le but de nous éloigner et ainsi me retrouver dans un guet-apens. Je suis mal à l'aise, car ça n'a comme pas de bon sens de se retrouver seul dans un pareil chemin; le boisé est de plus en plus dense et très peu entretenu, comme si je m'enlisais au fond d'un ravin. Un peu plus loin ça s'améliore et j'aperçois enfin une jeune pèlerine. Cette jeune inconnue que je rejoins me redonne courage; c'est fou ce que la présence d'une personne, même inconnue, peut provoquer comme réaction intense. Le sentier est très rocailleux et accidenté au point que je le trouve dangereux. Je suis plus que prudent, car j'ai une faiblesse à mes chevilles et s'il fallait qu'ici je me foule un pied... Je perds de vue cette jeune fille, mais je ne ressens plus de crainte, car je suis certain d'être sur la bonne voie. Finalement, Molinaseca se pointe au loin et très rapidement j'entre dans cette ville où enfin, après 26 km de marche, je pourrai reposer mes pieds qui me semblent bouillir tellement ils chauffent.

À la sortie du village, j'aperçois le gite tant espéré. Il est fermé... Je n'en crois pas mes yeux. Il n'est pas question que je retourne en arrière pour trouver un recueil privé dans cette ville. Non, je me dis qu'il faut que j'aille plus loin, de l'avant. Mais je n'ai vraiment pas le choix de m'étendre sur le parvis du refuge pour me reposer un peu et soulager mes pieds. Je vis un certain découragement. Pendant que je tente de panser les nombreuses petites bulles d'eau qui se sont propagées sous mes pieds, voilà qu'arrive mon amie Liège, cette Brésilienne rencontrée la veille. Elle m'aide à panser mes pieds, car elle s'étonne de voir dans quel état ils sont rendus... Sa présence me donne un regain de vie et elle m'offre de partager la route jusqu'à Ponferrada situé 7 km plus loin. Nous n'avons de toute façon pas le choix, car la saison de pèlerinage est terminée pour ce refuge. Elle aussi prévoyait y loger. La chaleur est torride cet après-midi-là et nous sommes plutôt excités de nous retrouver, de n'être plus seuls pour cette partie de route supplémentaire à faire que nous en oublions même l'essentiel : refaire nos réserves d'eau. Erreur...Intérieurement, je me dis qu'il va sûrement y avoir un dépanneur, un bar ou autre qui se trouveront sur notre route. Après 3 km l'on se rend bien compte que nous sommes en manque d'eau et de plus en plus assoiffé. Nous n'avons pas rencontré un seul commerce afin d'acheter de l'eau. Les premières maisons que l'on rencontre ne montrent aucun signe de vie car c'est l'heure de la sieste pour les Espagnols. Nous n'osons pas aller réveiller ces gens et le quartier que l'on croise est huppé avec des clôtures barrées. Très loin, on voit la ville de Ponferrada. C'est avec peine et de plus en plus difficilement que nous poursuivons cette route qui nous semble incertaine, car les indications se font rares. À un moment donné, nous entrons dans une rue étroite, dans un vieux quartier en banlieue de Ponferrada et nous allons d'une porte à l'autre pour voir s'il n'y aurait pas quelqu'un qui pourrait nous aider, car c'est la sècheresse. Eurêka! Une porte de garage est entrouverte.

L'on aperçoit une vieille dame à qui Liège demande en espagnol si elle ne pourrait pas nous donner à boire. Demandez et vous recevrez a dit notre Seigneur. Avec empressement cette bonne dame nous montre un robinet et elle s'empresse de nous donner des pommes qui semblent fraîchement cueillies. Elle se rend bien compte que nous sommes assoiffés, car nous buvons sans arrêt. Et on refait le plein de nos bouteilles. On ne veut plus jamais en manquer, c'est vraiment atroce de marcher sous un tel soleil avec nos sacs à dos et sans eau. La seule eau que j'aurais pu prendre est celle que contenaient mes ampoules...Le problème avec cette bonne vieille dame rencontrée est qu'elle semble prendre les Évangiles au mot, car elle veut nous donner des pommes au centuple. Elle ne cesse de prendre des pommes et insiste pour que l'on emplisse nos sacs et nos poches. Mais nous sommes aussi conscients que le poids de ces pommes, on devra le supporter. On a encore du chemin à faire alors poliment on essaie de refuser, mais elle insiste. Finalement, Liège qui parle espagnol finit par faire comprendre que nous ne pouvons pas en prendre plus. Merci ma bonne dame, votre générosité nous a touchés et cela nous a fait beaucoup de bien.

On se régale en continuant notre marche et en mangeant chacun 2 bonnes pommes pour refaire nos forces et aussi alléger nos sacs. L'énergie revient et nous permet de terminer notre route jusqu'à Ponferrada. En entrant dans cette ville, nous sommes encore tellement assoiffés qu'on s'arrête devant une distributrice à boisson gazeuse et on apaise à nouveau notre soif tout en prenant le temps de se reposer sur un banc de parc. On rigole de ce qu'on a vécu avec cette bonne vieille dame si insistante qui voulait nous surcharger de pommes sans se rendre compte que cela nous nuirait de porter un plus lourd fardeau. L'avoir écouté, nos sacs à dos auraient été plus lourds d'une cinquantaine de livres. Avant d'arriver au refuge, nous passons au-devant d'une pharmacie et là je demande l'aide de Liège pour demander du ruban adhésif afin d'aider mes pansements à rester en place sur mes pieds. Je demande aussi une crème antibiotique pour mes pieds. Mes ampoules sont très douloureuses et en particulier celle sous la plante du pied gauche, elle est au sang et elle commence à s'infecter... Je prends la peine de me déchausser pour montrer cela à la pharmacienne. Elle réagit avec de grands yeux et dit que je n'ai pas le choix de prendre un antibiotique et que celui-ci se donne qu'avec une prescription médicale. Mais étant donné les circonstances, elle me la donne quand même. Un gros merci de compatir et de contourner la règle. Je devrai donc traiter mes pieds aussitôt arrivés au refuge. Ce jour-là, l'on arrive au refuge après avoir parcouru 32,9 km et surtout après avoir traversé les montagnes de la cruz de ferro.

Quelle journée éprouvante! Sur le plan des émotions comme au plan physique. Entre autres, notre manque d'eau me rappelle cette soif de bonheur dont on rêve tous lorsque l'on vit une épreuve, quand la route est difficile et que la vie nous semble ardue et longue. Mais aussitôt cette soif apaisée, tout est différent. En partant de chez cette dame, nous étions transformés. Quelques minutes auparavant nous marchions lourdement et voilà que suite à cette rencontre avec la Providence, nous nous retrouvons avec des ailes. Je crois que le Seigneur vient tout juste de prendre soin de nous à travers ce geste charitable de cette vieille dame inconnue. Tout ce que vous avez fait au plus petit d'entre les miens, c'est à moi que vous l'avez fait, nous disent les Évangiles.

Au refuge de Ponferrada, les hommes et les femmes sont séparés dans des ailes différentes. Je me retrouve avec 3 autres gars tout à fait inconnus dans une minuscule chambre de 4 lits. Les autres sont aussi arrivés depuis peu et l'odeur de nos pieds et de nos dessous de bras a déjà imprégné les lieux... Ça presse, d'aller à la douche... Le simple fait de prendre une douche est douloureux, car mes pieds sont en feu et je me découvre une autre série de muscles qui m'étaient inconnus jusque-là. Au retour à ma chambre, l'odeur des désodorisants remplace agréablement celle de nos corps qui semblaient être décomposés tant l'odeur qu'ils dégageaient était nauséabonde... la nuit sera donc plus agréable. Ensuite, c'est l'opération lavage de linge et séchage, pansements des pieds et là pieds nus dans mes sandales, je commence à ressembler à une momie tellement ils sont enveloppés. Je marche de peine et de misère dans les jardins du refuge. Avec l'expérience que je vis concernant mes ampoules aux pieds, je me dis que lorsque l'on traite quelqu'un de pied, dans le fond on est en train de lui dire qu'il est important quelque chose de rare et qu'on a tout avantage à en prendre soin...

Le seul fait de marcher même sans sac à dos reste douloureux et le soin que je porte à mes pieds me surprend. Moi qui ai été toujours négligent à leur égard. Maintenant, je découvre à quel point cette partie de mon corps est importante. Je m'engage alors à respecter davantage les différentes parties de mon corps. Chaque partie de moi me rappelle son rôle et la nécessité de bien la traiter. Ce chemin m'apprend à prendre davantage soin de moi. Je ne dois pas non plus oublier de prendre soin de mon côté spirituel à travers ce que je vis présentement. Une belle chapelle se trouve dans la cour du refuge. Je m'y rends même si je croise d'autres amis avec qui je pouvais avoir bien du plaisir. Je veux prioriser ce temps d'écoute et de remerciement au Seigneur. La soirée de prière qui nous y est proposée est très intéressante.

La chapelle est toute petite et formée de grosses pierres grises qui nous semblent très anciennes. L'animateur nous invite à y participer chacun dans nos langues. J'en profite pour chanter un chant d'action de grâce. Il y a une atmosphère empreinte de sérénité et de paix. Que ce fut ressourçant et apaisant.

Par la suite, je me dirige en boitant vers le centre-ville à la recherche d'une épicerie. J'aperçois des jeunes qui reviennent d'une rue ayant avec eux des sacs d'épicerie et voilà que j'arrive directement au lieu de prédilection tant souhaité. Mon ventre crie à tue-tête, aussi fort sinon plus que mes pieds qui hurlent toujours de douleur. En arrivant à l'épicerie, voilà mon amie Liège qui, par hasard, se retrouve au même endroit et nous convenons d'acheter nos choses ensemble et nous faire un bon souper partage. En même temps, il ne faut pas oublier de prévoir ce qu'il nous faut pour le déjeuner du lendemain matin et un peu de provisions pour la journée. De retour au refuge, c'est la rencontre avec d'autres pèlerins venant de partout et enfin je rencontre un Québécois.

Quel bonheur de parler français! Il faut dire que je me débrouille bien en anglais, mais mon vocabulaire n'est pas très élaboré; ce qui fait que je dépense aussi de l'énergie à chercher mes mots. Mais je me surprends, car grâce aux partages que je fais avec les autres pèlerins, je m'améliore beaucoup. Et par la suite, je partage un bon repas avec Liège et notre ami Fernando lui aussi Brésilien qui apparaît tout à coup de l'on ne sait où et qui se joint à nous. Des pèlerins de France se joignent aussi et c'est ensemble autour de bons vins l'on se partage nos expériences et le bonheur qui nous envahit tous au terme d'une très dure, mais combien belle journée. Avant le repos de la nuit, je prends le temps d'aller envoyer un message par internet à ma famille et mes amis du Québec. Ce sera mon rituel tous les jours et en même temps je conserverai ces écrits comme mon journal de bord. Il est aussi important de récupérer mon linge sur la corde, car même s'il n'est pas tout à fait sec, il y a trop d'humidité à l'extérieur, le tout finira de sécher dans ma chambre. Deux de mes cochambreurs sont déjà couchés et le quatrième arrive peu de temps après moi.

Voici donc les messages envoyés dans lesquels j'exprime mes émotions après ce 2e jour de marche intense.

Subject : 3e lettre du pauvre Paul de Compostelle

à ses amis (es) du Canada

Date : Friday, October 19, 2007 4:04 PM

1/2 Allo tout le monde!

Ouf et Ouf quelle journée intense sur le plan des émotions, car je suis monté à la cruz de ferro y déposer la cache pour notre ami Yves Goyette. J'ai oublié de vous dire que mon 1er choc a été de constater que le soleil se lève à partir de 8h a.m. Aujourd'hui, je l'ai vu complètement levé à 8h45 et j'étais au sommet d'une montagne donc quand on se lève, il fait noir comme chez le loup et nous marchons avec des lampes de poche... 1er jour levé à 5h30 et 2e 7h. J'ai fait aujourd'hui la plus dure journée de tout le pèlerinage : le trajet le plus long c.-à-d. 32 km et le plus haut, plus de 1500 mètres. C'est un des plus hauts sommets de tout le chemin de Compostelle. Alors, j'ai découvert que des petites bulles d'eau ont poussé sous mes pieds, ayoye! Ayoye! Ayoye! Je me demande si j'ai 48 ans ou 84 à me voir marcher. À suivre...

Paul

2/2

Ayoye ayoye ayoye on en a tu des muscles dans le corps? J'en découvre en maudit... En ce 3e jour de pèlerinage, j'ai vécu des choses extraordinaires. C'est incroyable! La veille, j'ai soupé avec des personnes de l'Allemagne, du Brésil, de l'Afrique du Sud, de la Belgique, de la Hongrie, etc. C'était formidable! Aujourd'hui, j'ai terminé la journée grâce à une jeune fille du Brésil qui m'a aidé à soigner mes pieds endoloris... Mais ne t'inquiète pas chérie, elle n'a fait que soigner mes pieds... L'on couche dans des auberges mixtes où il peut y avoir jusqu'à 50 lits par dortoir... ça prend des bouchons pour réussir à dormir.. Ce soir à Ponferrada , nous sommes 4 gars dans une petite chambre. Ça sentait les petits pieds en arrivant. Mais là c'est correct, on a sorti les souliers et on s'est mis du désodorisant Le paysage est à couper le souffle. J'ai l'impression de toucher le ciel et après la journée les gens sont invités à la chapelle de l'endroit pour un court de temps de prière Là j'ai droit à seulement 15 minutes d'internet pour écrire alors, excusez les fautes.

Bye je vous aime tous

Chapitre 4

3e jour de marche Ponferrada – Villa Franca del Bierzo

22.35 km 541 m – 483 m – 504 m

Samedi le 20 octobre 2007

Lever tôt, environ 6 hres pour être prêt à partir vers 7h. Je partage le déjeuner avec mon ami Fernando et au lieu du café ce gentil Brésilien termine la bouteille de vin entamée la veille. Ouf! ça part raide un peu, mais moi je me découvre une sagesse, car mon alimentation devient très importante. Mon corps ressent déjà assez la difficulté du périple qu'au moins je vais m'assurer de bien le nourrir. En enfilant mon sac à dos, je me mets à fredonner cette chanson populaire de Bobby McFerrin5 :

o Ouh ouh ouh… don't worry be happy. o

Cela provoque le rire chez tous ceux qui m'entendent et moi ça m’énergise au maximum. Je suis prêt à partir et surtout à faire un bon bout de chemin vers Santiago de Compostelle que je rêve de plus en plus d’apercevoir.

Le lever du jour se fait pendant que je traverse seul la ville de Ponferrada. Je sors mon chapelet pour débuter ma journée en méditant le rosaire, car en passant devant une statue de Marie je me rappelle toutes les bontés qu’elle a pour moi et la tendresse qu’elle me manifeste alors quoi de plus normal que de la prier pour la remercier. La journée est encore une fois ensoleillée. La lueur du jour me permet d’apercevoir une première fleur destinée à ma tendre épouse. Comme j’ai pris l’habitude de le faire, je la dépose dans mon guide du pèlerin pour plus tard, la mettre dans les pages de mon bréviaire. Je traverse de beaux petits villages. Dans les champs, je rencontre de plus en plus des élevages de taureaux. Je me remémore que l’Espagne est réputée pour ses corridas alors pas surprenant que nous retrouvions de ces élevages de boeufs sur notre route.

Qu'il est beau le travail des hommes et des
femmes, il y a de quoi être en admiration
lorsque nous en dégustons les fruits…

De simples cultivateurs travaillant dans leurs champs me font prendre conscience de cette nature si proche de nous qui elle aussi a besoin qu'on en prenne soin. Je prends goût à ces heures où je marche seul. Cela me permet de me remplir les poumons de cet air si pur et de me laisser interpeller par les réflexions spirituelles que Marie m'enseigne par la récitation du chapelet. Je marche en chantant souvent, car pour moi la vie s'exprime en chansons. Un chant6, dont je ne me souviens vraiment plus où je l'ai entendu, me revient au-dedans… J'en ignore même toutes les paroles, mais le refrain m'interpelle de plus en plus :

oJe m'en vais sur tous les chemins parler de vous mes camarades. Je m'en vais sur tous les chemins parler de vous et chanter nos refrains. o

En le fredonnant, il me permet d'avoir un certain rythme dans la marche et instinctivement je change les paroles qui deviennent:

oJe m'en vais sur tous les chemins parler de lui

et chanter son refrain... o

Je fais allusion à ce Dieu qui m'habite, à ce Jacques, apôtre de Jésus, qui m'appelle sur son chemin. Sans trop m'en rendre compte, je me laisse transformer par lui. Ce saint dont je ne connais pas grand-chose est en train de me guider et de me transformer. Ces flèches jaunes qui sont ici et là pour nous indiquer la direction à suivre sont comme des clins d'oeil que St-Jacques me fait. Ces indications m'invitent à aller plus loin toujours plus loin et plus haut toujours plus haut, ce qui se dit en espagnol : ULTREIA.

J'ai pris l'habitude depuis mon départ de poser la main sur chacune des indications jaunes de Compostelle que j'aperçois. C'est un simple geste, mais il a l'effet d'une vitamine. Je finis par trouver cela stimulant. Je profite au maximum de la solitude en contemplant la nature et les gens, en priant et en chantant parfois à tue-tête. L'avant-midi est avancé et je ressens le besoin de m'arrêter pour prendre un café et prendre soin de mes pieds. Je n'ai fait qu'une halte depuis mon départ et c'était à un bar pour des besoins naturels. Comme je suis parti parmi les premiers, je me doute que tous mes amis sont derrière moi, alors ça me permettra peut-être d'en voir arriver quelques-uns. Un beau village accueillant se présente devant moi et je suis à la recherche d'un bon petit café bar. Oh! Un endroit un peu à l'écart du chemin attire mon regard, car il semble être prévu pour les touristes. Je traverse le chemin pour aller bénéficier d'un repos bien mérité. Mais qui aperçois-je déjà là alors que je me prépare à faire un arrêt? Bien, mon amie Liège et je me mets alors à lui chanter la chanson suivante7 :

o You are the sunshine of my life...
you are the apple of my eye... o

Cette jeune Brésilienne me rappelle tellement ma femme et mes 3 filles qu'en lui chantant ce refrain je ne peux faire autrement que de penser à elles. J'ai l'impression que mes filles et ma femme sont avec moi sur ce chemin. D'ailleurs comme tous les matins aussitôt que j'aperçois une première fleur je la cueille pour ma femme. On s'installe donc à une terrasse sur le bord du trottoir pour siroter un bon café et grignoter un peu, mais ma priorité est de me déchausser pour laisser respirer mes pieds déjà endoloris…

Et voilà que 2 gaillards, de nationalité allemande, eux aussi en pèlerins, passent devant moi et sont stupéfaits de voir l'état de mes pieds. Ils s'informent de mes pansements. Ils constatent que je n'ai pas ce qu'il y a de mieux et me donnent immédiatement quelques pansements mieux adaptés pour m'aider à poursuivre le chemin. Je n'avais jamais vu ces gars-là auparavant et malheureusement je ne les reverrai plus. Quelle gentillesse et quelle fraternité nous envahissent sur cette route de pèlerins! Ce geste de partage de la part de parfaits inconnus m'a touché droit au coeur. Bon c'est vrai que mes pieds commencent à ne pas être beaux à voir… Cela les a impressionnés, car il a fallu que j'insiste pour qu'ils cessent de me donner de leurs pansements leur rappelant qu'ils vont sûrement en avoir besoin eux aussi. Mais non leur priorité était de me venir en aide. Merci St-Jacques de prendre soin de moi par ces gens en route vers toi. Tu nous transformes au point de voir l'essentiel avant le superficiel. Sur nos routes humaines combien de fois passons-nous tout droit face à ces gens dans le besoin? Il nous arrive même de prendre du temps pour de purs étrangers comme l'ont fait ces 2 Allemands alors que face à nos proches nous ne voyons pas toujours la nécessité d'être près d'eux pour leur prodiguer de nos soins, de notre amour et de notre réconfort. Je remercie le Seigneur de les avoir mis sur ma route. Pour tous ceux et celles qui participeront un jour à ce pèlerinage, ayez la précaution de vous prendre des pansements Compeed de Johnson et Johnson que l'on retrouve dans les pharmacies espagnoles.

Soyez assurés qu'à la première pharmacie que j'ai rencontrée, j'en ai fait des provisions. Il n'y avait pas de prix pour m'en passer. Ces pansements m'ont fait tellement de bien. Ils sont conçus pour les personnes qui doivent continuer à marcher avec leurs ampoules. C'est ce que j'ai pu faire.

À chaque arrêt effectué, la reprise de la marche est douloureuse pour la première centaine de mètres, mais par la suite, tout est oublié. Quand le paysage est trop beau, je m'arrête, je prends des photos et je repars en criant ayoye! Ayoye! Les douleurs reprennent pour encore une centaine de mètres, mais la nature est trop belle, alors je m'arrête à nouveau. Je commence à apprivoiser la douleur. Elle fait partie de ce chemin qui nous transforme. Plus tard cette journée-là, alors que je suis à Villafranca del Bierzo je m'achète un t-shirt portant l'inscription No pain No glory to Santiego de Compostella et comme image nous y retrouvons les dessous d'une paire de pieds remplis d'ampoules, mais pour symboliser les ampoules ce sont des petites coquilles St-Jacques. Que je l'aime mon t-shirt... Eh oui comme me disait un confrère dans un courriel que j'ai reçu de lui alors que j'étais justement à Villafranca del Bierzo : «La montagne, c'est comme la vie. Il y a des situations où tu veux abandonner, mais il y a des moments tellement fantastiques que tu veux continuer et revivre le moment présent. Vie-le à 100 milles à l'heure. Comme disait mon chum Jean-Pierre, c'est dans la misère qu'on forme les champions!!! Bon voyage champion!»

Je reprends la route cette fois en compagnie de Liège qui me donnera une bonne leçon de vie cet après-midi-là. Vers Cacabelos l'on s'arrête prendre un sandwich dans un bistro et nous rencontrons un français qui marche à travers le monde pour la paix. Il en profite pour faire une vidéo dont les profits iront au peuple de Madagascar. Cela me réjouit, car je connais des gens de Madagascar qui font partie de la Fédération internationale des centres de préparation au mariage. La fédération nationale au Canada, dont je suis le coordonnateur, est membre de ce regroupement international. Lors de différents congrès, j'ai eu le plaisir de rencontrer des gens de ce pays. Si je peux participer d'une façon à recueillir des fonds pour ce peuple j'en serais ravi. Lorsqu'il m'aperçoit en train de couper la peau de mes ampoules avec mon poignard il est estomaqué et me demande d'attendre qu'il sorte sa caméra vidéo, car il veut mettre ces images sur son vidéo… Et voilà je suis rendu une vedette de cinéma. Bon, disons que mes pieds seront les vedettes… Il va probablement s'en servir pour dire quoi ne pas faire lorsque nous avons des ampoules…

Et la route continue, mais elle devient de plus en plus ardue pour ma compagne de marche. Liège a de plus en plus de difficultés à marcher car un genou lui cause des problèmes. Elle souffre et marche à pas de tortue. Elle est même mal à l'aise de ralentir mon pas et me demande de continuer, car elle me retarde. As-tu déjà oublié qu'hier après-midi c'est toi qui est arrivé à ma rescousse, bien maintenant c'est mon tour. Ça me fait grand plaisir de t'accompagner. Sa douleur est telle que le découragement semble l'atteindre, je lui offre de porter ses bagages plus d'une fois, mais elle refuse à chaque fois. Mais regarde-moi, je vais bien alors tu sais quand un ami a de la difficulté c'est à celui qui a toutes ses forces de prendre sur lui le bagage de l'autre. Remarquez que je n'ai pas inventé cela, c'est l'histoire du vieux Médé, un personnage de la revue RND qui relatait l'expérience de 2 marcheurs. L'un deux se foule un pied et est incapable de porter son sac à dos alors l'autre a pris le bagage de son ami en plus du sien pour permettre à son ami de terminer le voyage. Mais Liège s'entête à faire la route avec son bagage et pas question qu'elle le confie à quelqu'un d'autre. Par contre, elle accepte que je lui prête mon bâton dont je ne me servais pas à ce moment-là. Avec deux bâtons, cela lui facilite la marche. À ce que j'ai compris, c'est la deuxième fois que cela lui arrive durant son pèlerinage. À l'intérieur de moi je suis enragé, quel entêtement de la part de cette jeune fille! Je lui ai dit que si elle était ma fille je la chicanerais. Mais je continue à l'accompagner en rongeant mon frein comme on dit. À quelques reprises je pars en éclaireur, car elle trouve la route de plus en plus longue et elle s'inquiète à savoir si nous arriverons bientôt. Mais nous sommes dans un sentier qui traverse les champs et peu de repères nous permettent de nous localiser exactement dans le guide. Nous marchons dans ces conditions sur une distance d'environ 4 km, pour finalement arriver à Villafranca del Bierzo.

Il y a 2 refuges à l'entrée de la ville. Le premier est le refuge pour pèlerins. Il y a une côte abrupte à descendre pour s'y rendre et l'on est bien conscient que si on veut aller dans la ville il faut la remonter et redescendre à chaque fois. Tandis que l'autre est très prêt à notre gauche sur le chemin. Je conseille celui-ci à Liège, car même s'il est privé et plus dispendieux, dans le guide du pèlerin on parle de façon toute spéciale de l'hospitalité de la famille Jato, à qui appartient ce gite. Les pèlerins qui s'y arrêtent, se souviennent toute leur vie de cet accueil. C'est la seconde fois cet après-midi-là que Liège a suivi mon conseil. Quelle bonne décision! Moi non plus je ne désirais pas avoir à descendre et remonter la moindre côte. À force de focaliser sur les difficultés physiques de ma consoeur je me suis oublié au point de me blesser.

Je ne regrette quand même pas de lui avoir prêté mon bâton de marche. Cela l'a aidé beaucoup. C'est la seule aide qu'elle a voulu accepter de ma part. Je me disais que si un de mes enfants se retrouvait dans une situation difficile comme celle-là je serais reconnaissant qu'un bon samaritain lui vienne en aide. Même si les derniers kilomètres furent douloureux pour moi, ce n'était rien à comparer à la douleur que Liège endurait. Je la voyais grimacer de douleur et comme j'étais le plus souvent derrière elle, elle ne s'apercevait pas que ma propre situation se détériorait. J'étais bien content de m'arrêter à ce refuge d'autant plus qu'une des hospitalières bénévoles parlait français. J'ai compris par la suite que mon rôle lorsque Liège avait mal n'était pas de prendre son sac, mais simplement de la soutenir, de l'encourager et ainsi l'aider à parvenir au bout du chemin. Une simple tape dans le dos nous redonne souvent le courage et l'audace qu'il nous faut pour aller plus loin et se ressaisir. C'est une belle leçon de vie que je viens de recevoir de Liège, je l'en remercie.

Après consultation avec un membre de la famille Jato, une bénévole répond à ma demande car mes muscles me faisaient atrocement mal. Le propriétaire du gîte est absent pour une réunion de l'association des hospitaliers de Compostelle et c'est dommage, car il a un don particulier pour soigner les personnes blessées. Nos hôtes me conseillent donc de rester ici une journée de plus. C'est par exception qu'ils accepteraient de me loger 2 jours, car normalement l'on a droit à un seul jour d'hébergement par refuge. Elle me dit qu'il est fréquent à cette étape de voir des gens ayant des difficultés physiques importantes, et ils doivent parfois abandonner leur pèlerinage. J'hésite quand même à accepter leur suggestion. Sentant cela, l'hospitalière me dit : si tu tiens à te retrouver avec les autres pèlerins qui marchent en même temps que toi, on peut aussi aller te conduire en automobile demain au sommet du mont O Cebreiro. Tu n'auras qu'à nous payer l'essence. Cela ne m'enchante pas de devoir faire un bout de chemin en auto, ce serait comme trahir mon pèlerinage. Je me dis : peut-être vaut-il mieux en faire moins et revenir une autre année terminer le reste comme cette dame de Montréal rencontrée le premier jour.

La porte du pardon à Villafranca
del Bierzo, y entrer c'est en même
temps pénétrer au coeur de soi.

Il y a tout juste derrière ce refuge, l'Église de Santiago avec sa toute spéciale «porte du pardon». Les pèlerins qui se voyaient dans l'obligation d'arrêter ici leur pèlerinage, en entrant par cette porte, obtenaient la même indulgence plénière que ceux et celles qui se rendaient à St-Jacques de Compostelle. Moi qui n'ai jamais l'habitude d'arrêter ou d'abandonner ce que je commence, souvent à cause de mon entêtement, me voilà devant un dilemne. Un examen de conscience s'impose : je ressens déjà des douleurs pénibles et ce n'est que la 3e journée de marche. Je suis tiraillé dans ma décision. Je sais bien que si j'arrête, je risque de perdre de vue les personnes avec lesquelles j'ai déjà tissé des liens d'amitié. D'un autre côté, je dois prendre soin de moi et l'important à ce moment-ci de mon voyage, est d'abord de me ressourcer, de refaire mes forces. Je ressens ces 2 voix intérieures : go go vas y lâche pas et l'autre : sois sage et mets en pratique ce que tu dis aux autres... Bon je vais prendre une douche et je verrai par la suite. L'hospitalière nous donne rapidement les instructions d'accueil et je suis si exténué que je les comprends mal. Elle avait indiqué 2 endroits où prendre la douche, à l'une il y a de l'eau chaude, mais pas à l'autre endroit… Je me rends donc à l'endroit indiqué, mais je trouve étrange que je sois seul, car il me semble que lors de l'enregistrement à la réception du refuge nous étions plusieurs qui soient arrivés à peu près en même temps. Bon alors je me dépêche car je me dis que j'ai été plus vite que les autres… Quand j'ai fait couler l'eau, je me suis dépêché à me savonner en me disant que l'eau chaude va sûrement arriver d'une seconde à l'autre. Mais une fois tout savonné, je me suis aperçu de mon erreur… J'ai inversé les 2 endroits et je me suis donc retrouvé à prendre une douche avec de l'eau glacée. Glacée ce n'est pas le mot, froid non plus, en bon québécois c'était fret! Je me suis alors mis à soupirer et crier : Ah! Qu'est-ce que j'ai fait au Bon Dieu pour mériter de l'eau si froide? Ah! Ah! Qu'est-ce qui se passe, il n'y a pas d'eau chaude? C'est atroce cette situation dans laquelle je suis. Je ne cesse de gémir. C'est grâce à cette mésaventure que j'ai fait la connaissance d'Arthur originaire de la France. Il se tordait de rire dans son lit qui était tout juste à côté de cette fameuse douche. Déjà d'entendre parler un québécois il trouvait cela bien marrant. Il adore notre accent et en plus il m'entend me lamenter. Il savait quoi, car quelques jours plus tôt il a vécu la même expérience... Après cette douche, je tremblais et j'étais bleu. Vêtu seulement de mes pantalons courts je suis allé dehors face au soleil pour me réchauffer. Je trouvais ce soleil vraiment chaud pourtant il faisait à peine 15 degrés celsius. Qu'ils sont bons tes chauds rayons du soleil Seigneur, je les apprécie énormément. Malgré tout cela, je n'ai pas oublié mes douleurs musculaires... Par la suite, je veux me donner du temps pour discerner et méditer. Je me rends donc à cette église et pourquoi ne pas entrer par la porte du pardon. Oh! Quelle sensation dès mon entrée! C'est une très vieille église dans laquelle règne un esprit de paix et de douceur! Elle est très simple avec peu de décorations mais une atmosphère douce et apaisante y règne. Je me sens comme bercé dans les bras de mon Dieu. Quelle paix s'installe alors en moi! Je crois rêver tellement je me sens envahi d'une présence toute spéciale. Il y a cette statue de St-Jacques qui est impressionnante et qui me rappelle que je suis sur son chemin et qu'en m'abandonnant à lui je ne peux pas être déçu. Plusieurs autres statues de saints et saintes attirent aussi mon attention. Je confie donc à St-Jacques mon pèlerinage.

Au sortir, je rencontre l'hospitalière et je lui annonce que ma décision est prise. Je prends le temps de refaire mes forces. L'hospitalière me dit que je vais le sentir lorsque mon corps sera prêt pour repartir. Parmi les conseils retenus, il y a celui de me procurer un 2e bâton pour m'aider dans ma marche. Parmi les bâtons de marche qui sont fait de façon artisanale, il y en a un qui retient mon attention. Je le choisis. Il a la forme d'une crosse d'Évêque. L'hospitalière refuse de me le laisser, car elle dit que celui-là n'est pas à vendre. Je lui demande de vérifier, car c'est celui-ci que j'ai choisi. Elle doit demander l'autorisation à un membre de la famille, car elle ne pense pas qu'il accepte de le vendre. Il accepte me dit-elle et sa décision est attribuable au fait que je sois diacre permanent. Je leur en suis très reconnaissant et je le leur manifeste bien.

Afin de bien profiter de mon séjour pour me reposer, je prends tout le forfait offert par le refuge soit le souper et le petit déjeuner du lendemain matin. Je ne sors donc pas pour aller me promener dans la ville. Je me laisse imprégner de l'ambiance qui règne en ce lieu. La bâtisse est vraiment exceptionnelle et très originale. Construite à partir de morceaux de bois provenant de différentes églises dans le monde, tout est cloué ensemble sans tenir compte des longueurs et des grosseurs différentes... Cela lui donne une allure bohème et bien entendu on y retrouve de nombreux symboles religieux. Je me donne beaucoup de temps pour relaxer et méditer en admirant les différents coins de gîte exceptionnel. Cela me permet aussi de faire connaissance avec mon nouvel ami Arthur. Je confie à tous que je me suis résigné à demeurer une autre journée pour prendre soin de mon corps qui me fait signe... Le souper se déroule dans une ambiance vraiment familiale, car la famille Jato prend le temps de partager le repas avec nous. Ils prennent bien soin de débuter le repas par le bénédicité chanté. Par la suite, lorsque je vérifie mon courrier internet, j'ai un message d'un confrère de travail qui dit que c'est dans la misère qu'on forme les champions. Son message me déstabilise un peu, car je viens de décider de m'arrêter pour prendre soin de moi. Mais ma décision reste prise et je prends même la résolution de me coucher tôt. L'auberge ne semble pas être chauffée et la nuit s'annonce être froide. J'ai droit à une couverture de laine que l'aubergiste me fournit. J'ai dormi comme un ange.

Voici le message internet que ma femme m'a envoyé le 27 octobre et qui revêt une grande importance pour comprendre tous ces évènements vécus :

Je t'envoie aussi ce message, on dirait qu'elle te parle.

Bye Lise

Source : «Enfants de Medjugorje»

www enfantsdemedjugorje.com

Le 15 octobre 2007

Chers enfants de Medjugorje, Loués soient Jésus et Marie !

1- Le 2 octobre, Mirjana Soldo reçut son apparition mensuelle au Cénacle. A l'issue de l'apparition, elle nous transmit le message suivant : «Chers enfants, je vous appelle à m'accompagner dans la mission que Dieu m'a confiée, avec un coeur ouvert et rempli de confiance. Le chemin sur lequel je vous conduis, par la volonté de Dieu, est difficile mais persévérant (il comprend une continuité), et à la fin, nous nous réjouirons tous en Dieu. Cependant, mes enfants, ne cessez pas de prier pour le don de la foi. C'est seulement par la foi que la Parole de Dieu sera lumière dans les ténèbres qui désirent vous envelopper. N'ayez pas peur, je suis avec vous. Je vous remercie.»

Et ce dimanche matin, moi qui suis très matinal, j'entends tous les autres se lever chacun à leur tour et s'apprêter à partir. Liège est voisine de mon lit et je lui souhaite bonne chance pour le reste du pèlerinage. J'espère qu'on se reverra au moins dimanche prochain à St-Jacques de Compostelle. À mon nouvel ami Arthur et à Buzz, je leur dis aussi espérer qu'on se revoie à Compostelle. La tentation est forte de changer ma décision, mais je m'obstine et je demeure couché. L'hospitalier commence son ménage lorsque tous les pèlerins ont quitté leur lit. Comme mon petit déjeuner est payé, je me lève pour aller le prendre avant 9 h, l'heure limite. Je demeure en pyjama, car je tiens à revenir me reposer et c'est ce que je fais. Plus tard je me réveille en sursaut, car c'est dimanche matin et je tiens à aller participer à une eucharistie. Je pars donc complètement à l'aveuglette dans cette petite ville. Tout à coup, je me retrouve au côté d'une église où il y a justement une messe. Elle se déroule en Espagnol, mais je reconnais bien sûr les différentes parties de la célébration.

Je m'unis par le coeur à cette communauté. À la sortie, je me sens débordant d'énergie. Je ne ressens plus aucune douleur. Je me rappelle alors le message de l'hospitalière : tu vas le sentir quand ton corps sera prêt. Bien voilà je suis prêt et c'est ce que j'annonce à l'hospitalière : Regarde je saute et je ne ressens plus aucune douleur alors je pars. Mais me dit-elle tu sais qu'il est trop tard pour partir : 11h30 tu risques d'arriver très tard au sommet du mont O Cebreiro. Mais si tu sens que tu dois partir fais-le, et souviens-toi que tu n'es pas obligé de te rendre au sommet; il y a d'autres refuges sur le long du chemin. Sois attentif à tes jambes et surtout aux douleurs qui peuvent réapparaître, car si tu en abuses tu peux en avoir des séquelles pour la vie. Encore une fois, je prends en considération un autre de leur conseil. J'allège mon sac à dos comme un membre de la famille Jato me l'avait suggéré. Je leur laisse donc de la nourriture, mes ustensiles, mon assiette et ma tasse, car je ne les ai pas utilisés depuis le début. Ma décision avait changé alors que j'avais déjà envoyé ces 2 messages à ma famille et à mes amis :

Subject : 4e lettre de Paul pèlerin de Compostelle

Date : Sat, 20 Oct 2007 15:34:34 -0400

Aujourd'hui fut une journée exceptionnelle j'y ai vécu des émotions intenses au point d'être une des expériences spirituelles des plus intenses que je n'aie vécues auparavant. À l'auberge de la famille Jato il y a une atmosphère incroyable. Ils en parlaient dans le guide du pèlerin.... Je crois qu'il est sage de prendre une journée de repos ici avant de continuer. Je fais le plein au niveau spirituel et corporel. Je vais aussi alléger mes bagages. On ne manque de rien sur le chemin de Compostelle, la providence veille sur nous et c'est extraordinaire. Des Allemands m'ont fourni un excellent pansement pour les ampoules et c'est super... ouf! que la vision de la vie change. J'espère que vous allez me reconnaître, d'ailleurs je suis toujours aussi fou, mais aussi de plus en plus fou de Dieu... Chérie je n'ai presque plus de bedaines... bon! y en reste encore un peu disons...

Bye a tous je dois aller me coucher

Je vous aime tous

Paul

Subject : 5e lettre de Paul le petit pèlerin

Date : Dimanche le 21 octobre au matin à Villafranca chez les Jato

Quelle belle journée! Que le Bon Dieu est bon! Il est presque 10 h et il fait soleil avec un beau 5 degrés Celsius Ouain vous avez bien lu ... Et puis je n'ai même pas de sac de couchage... J'ai seulement une couverture de laine que les aubergistes nous fournissent et ici ce n'est pas chauffé dans le dortoir. Mais, ne vous inquiétez surtout pas, je n'ai pas eu froid. Tous ensemble dans le dortoir on dégage de la chaleur et c'est suffisant. Aujourd'hui, je prends soin de moi et j'envisage peut-être de me faire conduire en auto jusqu'au sommet du prochain mont afin de permettre à mon corps de bien récupérer. Il me reste beaucoup de chemin à parcourir. Je pense que le Seigneur m'a envoyé un brin de sagesse... il était temps qu'il m'en envoie... Désolé, mais je vous quitte déjà, je vais à la messe prier pour vous tous que j aime énormément et un gros merci pour vos courriels. Vous pouvez aussi me les envoyer directement à polora7@hotmail.com. Cela fait beaucoup de bien, Astaluego

Paul xxx

Chapitre 5

4e jour de marche Villafranca del bierzo – O Cebreiro

29,73 km 504 m – 1296 m

(les 7 derniers km de 682 m – 1296 m)

Dimanche le 21 octobre 2007

Je pars donc sur l'heure du diner et là c'est vrai que je suis seul. Je suis le dernier des pèlerins à partir cette journée-là de Villafranca del Bierzo. Que ce refuge m'a impressionné! Je suis très emballé par l'expérience que je viens de vivre, moi qui avais décidé de m'arrêter ou de me faire conduire en auto au sommet du mont Ocebreiro, me voilà en route à nouveau à pied ou plutôt marchant sur un nuage; je ne ressens plus aucune douleur; j'ai peine à le croire. J'aurais dû calculer la vitesse à laquelle je marche, car c'est sûrement la partie la plus rapide que j'ai faite sauf que je m'en rends compte lorsque la montée se fait très abrupte. Je ralentis, car je me rappelle que cette montée est censée être une des plus difficiles du pèlerinage. Une petite halte à une auberge brésilienne privée me permet de changer les pansements à mes pieds. Une musique entrainante du Brésil m'énergise au point d'avoir envie de danser et c'est ce que je fais lorsque je reprends ma marche en disant à l'hospitalière du lieu que ce n'est pas correct de mettre une si bonne musique, car cela nous donne le goût de rester et non pas de partir. En plus qu'elle était très jolie, c'était vraiment l'heure idéale pour arrêter la marche quotidienne, mais, comme je suis parti très tard, ma journée n'est pas finie. Cet endroit semblait très sympathique. Mais allons, la route t'appelle sur ce chemin de Compostelle, Ultreia.

Je veux boire à te source et faire en
sorte qu'elle me purifie

Oh que la montée est abrupte! Je suis sur une route asphaltée, mais sinueuse comme cela ne se peut pas. J'aperçois une belle petite source et une poule avec ses poussins en bordure du chemin. Derrière moi j'admire un paysage grandiose : des montagnes à perte de vue. J'en profite pour refaire le plein d'eau et je m'assois un peu sans me rendre compte que mon gilet, attaché derrière moi à ma taille, trempe dans l'eau de la source... Puis je continue ma route en solitaire. Et là ça monte, ça tourne, ça monte, ça tourne, et cela, pendant des kilomètres et des kilomètres...

Je ne vois plus que cela : un bout de la route qui monte et une courbe très raide d'où j'aperçois encore un bout de côte qui monte et qui tourne à nouveau. C'en est étourdissant et épuisant. Assez pour vivre le découragement en certains endroits. Comble de malheur je me rends compte que je ne vois plus de flèches jaunes m'indiquant le chemin. Depuis combien de temps, je l'ignore, mais chose certaine je sens que je ne suis plus sur le bon chemin et la journée avance. Pas question que je rebrousse chemin, ce fut trop difficile à monter et je ne sais jusqu'où je devrais revenir sur mes pas. Le refuge du mont Ocebreiro est au sommet du mont alors je me dis qu'un jour je vais y arriver, car ça ne cesse de monter…

Au loin j'aperçois l'autoroute qui va dans la même direction alors je continue : je monte, je tourne, je monte, je tourne… mais là j'arrive à ma limite, je suis à bout de force. J'ai le désir de faire du pouce, mais aucune auto ne passe. En plus, je n'ai plus d'eau. Le soleil baisse et la température baisse aussi. J'enfile donc mon gilet chaud et c'est à ce moment-là que je me rends compte qu'il est tout mouillé… Je revêts aussi mon manteau qui permettra à mon corps de rester au chaud malgré l'humidité. (Au retour de mon voyage, j'ai vérifié mon chemin parcouru sur internet et à cet endroit il s'agissait de la partie la plus abrupte et mon erreur de parcours m'a rallongé de 2 kilomètres). Finalement, j'aperçois un village et j'arrête à une épicerie pour faire mes provisions d'eau, mais la commis qui ne parle qu'espagnol ne veut pas me vendre une bouteille d'eau.

Elle m'offre une autre boisson. J'essaie de lui faire comprendre que j'ai besoin d'eau, mais elle insiste. Alors, je me résigne et je prends 2 de ces bouteilles qu'elle me conseille. Que cela m'a fait du bien! C'était comme une limonade qui devait sûrement m'aider à continuer, car elle m'a indiqué qu'il restait 4 km avant le refuge. Je l'ai remercié grandement et elle a deviné par mon sourire que j'appréciais énormément son insistance à prendre de cette boisson. Quel soulagement ce breuvage m'a apporté! Elle savait exactement ce qu'il me fallait pour m'énergiser. Ils furent quand même très longs ces 4 derniers km, mais une surprise m'attendait. J'ai eu droit au plus beau coucher de soleil de tout mon pèlerinage. Magnifique! Splendide! C'était ce qu'il me fallait pour me donner l'énergie nécessaire afin de continuer jusqu'au refuge. Habituellement, c'est le lever de soleil que j'ai la chance d'admirer.

Tu te couches déjà, mais en même
ta soeur la lune prend la relève au
sommet du mont O Cebreiro

Mais là, presque au sommet du mont j'étais du côté du soleil couchant sur cette route asphaltée et en même temps sur le bord d'un précipice, j'avais donc droit à une vue à couper le souffle. Je finis par arriver au refuge alors que la pénombre était au rendez-vous. Évidemment, j'étais le dernier et de loin à entrer au refuge. Tous les pèlerins s'étonnaient de voir arriver un pèlerin à cette heure-là... À mon arrivée, la première personne que je rencontre et que je connais m'informe tout de suite qu'ici c'est le seul gîte pour pèlerin, il est très beau mais il n'y a aucune vaisselle pour manger... J'éclate de rire, j'ai tellement ri que j'en ai eu mal au ventre. J'avais laissé toute ma vaisselle au refuge de la famille Jato pour alléger mon sac à dos et voilà que maintenant, pour la première fois, j'en avais besoin. L'on me rassure, car il y a une taverne tout près où l'on peut manger. Mes éclats de rire font que mes connaissances des derniers jours me reconnaissent et viennent me rejoindre à l'entrée. Que de belles retrouvailles avec Arthur, Buzz et d'autres cousins français. Ce soir-là, la douche à l'eau chaude est très apaisante et nécessaire. J'y suis seul encore une fois et je pense que j'ai abusé de l'eau chaude. En tout cas, je devais être propre, car j'ai constaté que j'avais oublié mon savon dans la douche froide des Jato et tout ce qu'il me restait pour me laver, c'était du savon à lessive. Par la suite, un bon repas m'attend à la taverne. Il y règne une ambiance de fête, car des musiciens sont là interprétant de la musique folklorique. J'y retrouve Liège et d'autres amis pèlerins. Je déguste un excellent repas et je joue de la cuillère pour accompagner les musiciens : un batteur et un joueur de cornemuse. Comme je suis épuisé, je retourne au gite laissant les autres s'amuser. Je constate aussi que, comme je suis le dernier arrivé au refuge, il ne reste plus de manta… Eh oui, cette nuit-là je n'aurai pas de couverture pour me couvrir. Je me sers donc de ma serviette de bain, toute humide, comme drap et je me couvre avec mon manteau trempé de sueur… Je fus donc le seul à profiter d'un lit d'eau… Ma voisine de lit que je ne connais pas du tout a son cellulaire ouvert et sa sonnerie est la voix d'un bébé qui pleure. Je suppose que ce pouvait être la voix de son enfant, mais c'est tout de même surprenant d'entendre les pleurs d'un bébé à chaque fois qu'elle reçoit un appel. Ce petit détail vous reviendra quand je vous parlerai de la chanson «What a wonderfull world».

Subject : 6e message de Paul, petit, petit, petit,

pelerin de Compostelle

Date : Monday, October 22, 2007 11:05 AM

Un beau bonjour à tous, enfin je peux utiliser internet et je viens de lire vos courriels. Gang de petits tabarouette vous m'avez fait pleurer et rire beaucoup. Merci beaucoup, je puis vous assurer que je réponds tous et toutes à vos demandes. D'abord chérie, sois sûr que je ne t'ai pas oublié. Chaque matin la 1ere fleur que je vois je la cueille pour toi ... Suite à mon dernier message, alors que j'avais accepté de ne pas faire la montée à cause des douleurs aux jambes, je suis allé à la messe. Je suis arrivé alors qu'ils étaient rendus après l'évangile. Quand je suis ressorti, je ne ressentais plus aucune douleur aux jambes... notre hospitalière m'avait dit : écoute ton corps et tu le sentiras quand tu pourras partir. Alors je suis parti a

11h 30 ce qui n'est jamais conseillé ici à cause de la distance et de la hauteur à laquelle il fallait monter. Une fois à plus de 930 mètres et l'autre à 1500. Entre les 2 on redescend, mais je ne sais pas à quelle hauteur. Cela a été plus dur que la montée à la cruz de ferro et d'autant plus que j'étais tout seul étant donné l'heure tardive à laquelle je suis parti. En plus, je me suis trompé de chemin j'ai pris le plus difficile... j'ai vécu des moments de découragements... mais j'ai persévéré et j'ai même pensé faire du pouce, mais il n'y avait pas un maudit char qui passait... J'ai prié et repris courage. Je suis arrivé au sommet en même temps que le coucher de soleil. Quelle récompense le seigneur me faisait; incroyable coucher de soleil, seul au sommet. Ouf que j'étais épuisé, mais fou comme de la marde. Il a fallu que je continue 2 km encore pour rejoindre l'auberge. Les autres ont tous été surpris de me revoir, car ils étaient au courant que j'avais décidé de me reposer une journée...Ce fut la fête, car je suis allé manger à la taverne du village. J'avais faim en maudit. Ah que la cerveza était bonne. Je vais en prendre une tantôt à votre santé.C'est incroyable, comment les liens d'amitié sont forts entre pèlerins. Je «capote» du fait qu'on se saute dans les bras quand on se retrouve...Il faut dire que je ne laisse pas ma place. Je suis même en train de me découvrir un talent d'humoriste... même moi je ris de mes blagues la nuit quand je ne dors pas... alors que tout le monde ou presque dort autour de moi alors je me sers le ventre ou la bouche pour pas rire.... ça ronfle pas à peu près, chacun leur tour... un chance que j'ai des bouchons. Là aujourd'hui, je n'ai pas le temps de tout vous dire,mais voici des mots qui me feront penser quoi vous dire au retour : lit d'eau manta ustensiles savon bouffe taverna ça tourne ça monte ah oui il faut que je vous dise que je vais paraitre dans un reportage vidéo sur Compostelle fait par un français et dont les recettes vont aller à Madagascar... le gars m'a vu en train de m'ouvrir une ampoule avec mon gros jack-knife et il capotait de me voir , il a filmé le tout pour son reportage il marche aussi pour la paix, car il est parti de l'Égypte à pied et fait 8000 km. On a eu bien du fun... Aujourd'hui lundi j'ai reçu une très belle leçon de vie en faisant la route avec un gars du Texas et une fille de Brésil... j'ai eu à prendre le temps de bien faire cette journée de pèlerinage et vraiment je sens que je fais le plein d'énergie. Je prends le temps de réciter le rosaire à vos intentions. Je découvre à quel point il est important d'apprendre à marcher avec la douleur tout en respectant ses limites. Je me suis acheté un gilet sur lequel est écrit no pain... no glory de Santiago. Et il y a le dessin de 2 dessous de pied avec plein d'ampoules... les miens commencent à ressembler à cela. C'est tellement beau. Ne t'inquiète pas chérie je vais revenir tout d'un morceau, mais bien rapiécé... et le paysage est toujours incroyablement beau. Tu fais 50 pieds puis il vient de changer complètement, je passe mon temps à arrêter pour prendre des photos... Je suis rendu à Triacastela. Excusez les fautes, je n'ai pas le temps de corriger et là je vais prendre une bonne grosse cerveza... à votre santé. Je vous aime tous et je prie chaque jour pour vous tous...

Paul xxxxxxxxx

Chapitre 6

5e jour de marche OCebreiro – Triacastela

21 km 1296 m – 665 m

Lundi le 22 octobre 2007

Déjà fini ton repos cher soleil, bienvenue en
cette nouvelle journée.

Quel superbe début de journée, décidément c'est étonnant ce que nous réserve le chemin! Je pars seul et je reçois comme conseil de prendre le chemin vers la droite, ce que je fais en même temps qu'une dame originaire de la France. Je suis incertain, mais je me fie aux conseils reçus. Peut-être que j'ai mal entendu, qui sait. Après avoir fait à peine environ 300 mètres, un automobiliste nous fait signe que nous ne sommes pas dans la bonne direction. Ah que les gens sont aimables envers nous! L'on dit que les pèlerins sont rois sur le chemin et je commence à le croire. Mais ce détour est providentiel, nous sommes au meilleur endroit pour assister au plus beau lever de soleil qu'il m'a été donné de voir pendant ce pèlerinage. Les couleurs de l'arc-en-ciel étaient toutes réunies. Un spectacle haut en couleur se déroulait devant nous, dans un décor éblouissant. C'était encore une fois à couper le souffle, si ça continue je vais avoir besoin de quelqu'un pour me donner la respiration artificielle... Nous étions tellement contents de nous être trompés de chemin qu'on n'a pas pu faire autrement que de revenir vers la bonne direction à pas de tortue pour goûter à cette démonstration époustouflante de la nature. Moi qui avais été émerveillé du coucher de soleil de la veille là c'était encore plus que merveilleux, mes yeux n'en finissaient plus de contempler ce paysage céleste. Cela m'a gonflé à bloc pour entreprendre une petite journée de marche. Ma randonnée débute donc en partageant avec cette Française avec qui j'ai contemplé ce lever de soleil.

Peu de temps après notre départ, je me retrouve seul dans un chemin sinueux où les montagnes nous révèlent la splendeur de la Galice. Avant la pause du matin, une statue géante d'un pèlerin en marche, nous rappelle de garder courage et de persévérer dans notre quête de sens. Sa stature imposante et solide comme le roc nous unit à cette innombrable assemblée de pèlerins qui ont marché sur les pas de St-Jacques. Le col de l'Alto do Poio nous force à prendre la pause, car sa montée abrupte nous casse les jambes. Comme consolation, il y a un petit bar typique de la Galice situé tout juste au sommet, dans un décor magnifique. C'est le temps d'un bon café et d'un bon sandwich aux oeufs. Cela donne l'occasion de se retrouver entre amis : Thomas et Liège me rejoignent à cet endroit. Je poursuis la route avec eux, mais en les suivant, éloigné de plusieurs mètres. Les jeunes ont besoin de se parler et moi j'en profite pour prier le chapelet en pensant à eux et à ma famille.

Nous l'aurions bien emmener
avec nous celui-là pour se
décharger de nos bagages, mais un

fardeau est léger à porter si on le

confie au Chemin…

Sur le chemin, nous rencontrons un beau cheval qui est seul et attaché au beau milieu du chemin. Sa douceur et sa tranquillité cachent cette force qui l'habite; doux comme un agneau et fort comme un boeuf. Que les animaux de la création sont beaux. Un simple papillon nous émerveille sur la route. Pendant quelques mètres, il nous suit, passant d'une fleur à l'autre. Il semble nous accompagner. Il nous rappelle la beauté de la vie et en même temps toute sa fragilité. Nous sommes tous trois émerveillés par le papillon autant que nous l'avons été par le cheval. Dans ce coin de la Galice, la montagne nous réserve des surprises. Alors que le chemin est à son plus beau et que nous avançons sans crainte, voilà que surgit devant nous, en plein chemin, de gros taureaux errants. Ils s'avancent droit devant nous. Liège est apeurée au point de s'accrocher fermement à Thomas qui ne semble pas plus brave. Je n'en crois pas mes yeux de les voir surgir comme cela alors que nous sommes dans le pays des corridas, je ne peux faire autrement que de penser au danger qu'ils représentent. Mais je me raisonne tout de suite et je rassure mes amis en leur disant qu'ils ne peuvent pas être dangereux, car ils ne seraient pas laissés ainsi. Et voilà qu'après quelques taureaux j'aperçois les cultivateurs qui les suivent. Ils ne faisaient que les changer de champs. Je m'approche donc de l'un des taureaux pour le flatter afin de rassurer mes amis et voilà que je reçois un bon coup de queue pleine de bouses... pas besoin de vous dire que les autres n'ont pas eu droit à mes caresses, j'ai eu ma leçon. Ils s'étaient tous couchés dans leurs bouses et donc tachés jusqu'à la moitié du corps... malgré la frousse que nous avons eue, les éclats de rire ont fusé après avoir été éclaboussés... Vraiment la gamme des émotions y passe.

Mais quel chemin nous partageons avec les animaux et la nature, car un peu plus loin ce sont des chèvres, des moutons et des poules! La rencontre des taureaux me rappelle de ne pas me fier aux apparences, car finalement ils étaient calmes et dociles. Avec les gens qui nous entourent, il nous arrive de porter des jugements et de passer rapidement aux déductions. Et si l'on prenait le

Oh! Oh! Venez-vous pour la

corrida? Pas nous...

Halte là chers amis pèlerins!

Quoi de mieux comme paysage

pour méditer et admirer la

magnifique création de Dieu.

temps de les apprivoiser, l'on découvrirait sûrement la tendresse qui les habite tout comme leurs richesses insoupçonnées. On aurait avantage à ne pas avoir peur de les côtoyer à l'image de ces dernières rencontres avec le monde animal, car une rencontre si

Moi je m'y arrête pour permettre à mes yeux et à

mon coeur de s'émerveiller!

courte soit-elle, peut transformer notre chemin et lui donner une tout autre couleur. À cet endroit, le paysage du chemin est aussi beau que lorsque l'on est en avion. C'est une vue panoramique qui se dresse devant nous, là, sur un chemin encore très sinueux. Cela donne à la route un charme exceptionnel. Nous marchons à flanc de montagne et nous sommes montés jusqu'à 1337 mètres. J'ai l'impression de toucher les nuages.

Soudainement, en traversant un minuscule village, une vieille dame s'approche de nous en tenant une assiette. Elle sortait de sa maison pour nous accueillir et nous offrir des crêpes qu'elle venait tout juste de cuisiner; elles étaient encore toutes chaudes. Quel geste d'attention d'une parfaite inconnue, elle a touché nos coeurs et notre ventre... Avec gratuité, elle nous les offre, mais nous nous sommes empressés de la récompenser un peu, car ce geste d'amitié nous a beaucoup émus. Avec simplicité, elle nous a partagé de son pain et de son temps. Merci St-Jacques pour tous ces évènements qui nous transforment et nous permettent d'apprécier davantage ton chemin.

On ne manque de rien sur le chemin de Compostelle, dit la

tradition, et nous avons la chance de le constater. L'arrivée à Triacastela au milieu de l'après-midi nous a permis de nous reposer. Nous hésitions dans le choix du refuge, mais nous avons succombé à la tentation de se payer un petit luxe : un refuge privé. Bon, on ne s'est quand même pas trop énervé, il ne coûtait que 7 euros et il était superbe. Nous sommes tous dans une grande chambre avec toutes les commodités qu'il nous faut. Mon nouveau bâton de marche que j'ai acheté à Villafranca m'est très précieux et comme je ne sais pas si je marcherai en compagnie de mes meilleurs amis pour le reste du pèlerinage je décide d'inscrire leurs adresses courriel sur mon bâton. Maintenant, je prends le temps de soigner mes pieds qui sont couverts d'ampoules et dont une est toujours infectée.

Ce n'est pas le temps de faire une longue marche pour découvrir le village. J'ai profité de cet endroit pour me reposer. Mon corps mérite bien que j'en prenne soin. Je me permets juste une toute petite marche, tranquillement, pour aller chercher des pansements à la pharmacie et faire des provisions à l'épicerie car pieds nus dans des sandales c'est encore plus douloureux. Par la suite, une sieste s'impose. Plus tard, les autres pèlerins viennent me réveiller pour savoir si je partagerais le repas avec eux. Le repas du soir donne lieu à la rencontre de nouvelles personnes. Un vrai partage, où chacun fait un peu de bouffe et le met en commun, c'est comme si l'on se connait depuis longtemps. Mon ami Ezio de l'Afrique du Sud nous révèle sa double identité; il porte un t-shirt avec le dessin du personnage Buzz lightyear de Disney et physiquement, il lui ressemble vraiment. Une autre Canadienne se joint à nous, elle vient de la Colombie-Britannique. Le petit coin internet est très pratique comme toujours et me donne l'occasion de partager l'expérience incroyable que je vis. Il y a 2 chemins possibles à prendre le lendemain pour la prochaine étape. Buzz nous conseille le plus long, car on y retrouve un superbe monastère. Tout comme le personnage de Disney, il est celui qui fonce, qui va toujours plus haut et plus loin. Il porte vraiment son surnom sauf que lui, mon ami de l'Afrique du Sud, est très simple. Il se fait discret et serviable. Moi je ne suis vraiment pas chaud à l'idée de rallonger le chemin, la douleur aux pieds m'impose la modération. Je me couche tôt pour bien récupérer.

Oups! Petits bobos deviendront gros... ou À chaque pas suffit sa peine...

Subject : 7e message de Paul sur le beau

chemin de Compostelle

Date : Monday, October 22, 2007 4:44 PM

Un autre bon souper international : l de l'Afrique du Sud (buzz lightyear), 1 de la Hollande, 3 du Brésil, 1 du Texas, 2 du Canada et l'on se sentait en famille. Tous nous sommes venus seuls des 4 coins du monde. Parmi elles, une est médecin et elle m'a dit de me mettre de l'antiseptique, car j'ai toujours cette ampoule qui s'infecte. Tout le monde s'entraide comme si l'on se connaissait depuis longtemps. On se frotte, s'examine les pieds et l'on prend soin les uns des autres. C'est incroyable la fraternité qui règne ici... on s'est payé un gros refuge privé : 7 euros pour la nuit...C'est très beau et vraiment pas cher, mais quand même plus cher que les refuges de pèlerins ou l'on donne ce que l'on veut, mais habituellement au moins 3 euros... les repas y sont quand même assez onéreux, mais on se débrouille très bien. Ce soir on a mis toute la bouffe en commun avec 2 bonnes bouteilles de vin. Bon je vais me coucher, car une grosse journée m'attend demain et l'Africain, joueur de rugby (une pièce d'homme) nous suggère le chemin le plus dur. Je crois qu'on va le suivre...Je vous laisse pour aller dormir et je prierai pour vous. Je vous donnerai sûrement d'autres nouvelles demain soir pour ici.

Paul xxx

Second message envoyé à ma femme

Salut chérie! Je m'apprêtais à partir seul comme tous les matins ou presque, lorsque j'ai décidé d'aller voir si j'avais des messages. À voir les messages que je reçois, je ne peux faire autrement que penser que tu es une super agente de liaison. Tu sais, chaque jour je me dis, que je te dois t'écrire cela. Je pense que c'est aujourd'hui qu'il fallait que je te l'écrive. Chaque jour que je cueille une fleur pour toi, je la trouve de plus en plus belle et je me dis que c'est comme à ton image... je te trouve de plus en plus belle... intérieurement et extérieurement. Écoute je suis en train de te chanter : you are the sunshine of my life... you are de sunshine of my day... Je t'aime à la folie comme le 22 décembre 1978 au C22. C'est à ce moment que nous avons commencé à sortir ensemble. Dis à Steve de prendre bien soin de lui et que je prie pour lui d'une façon toute spéciale aujourd'hui. Bon je pars et je t'embrasse très fort et surtout continue d'être une bonne agente de liaison, car j'envoie mes messages que par toi et je reçois beaucoup de commentaires. Sois toujours une bonne mère pour nos enfants et embrasse Francesca et J-F pour moi, je les aime beaucoup.

Bye Paul xxxxxxxxxxxxxxxxxx

Chapitre 7

6e jour de marche Triacastela – Sarria por San Xil –

Barbadelo 22,77 km 665 m – 453 m – 570 m

Mardi le 23 octobre 2007

Après une bonne nuit de sommeil, la première chose à faire est de soigner mes pieds, car ils seront mis à rude épreuve. Le déjeuner demeure pour moi un moment assez rapide, car j'ai toujours hâte de partir. Je suis excité de voir ce que le prochain chemin va me révéler. C'est vraiment une excitation particulière à vivre. Je me demande si c'est possible d'être déçu. Depuis le début, tout est toujours très beau et de plus en plus agréable. Je pars donc en me raisonnant : je prends le chemin le plus court. Vaut mieux que je prenne soin de moi. Pour la première fois, j'entreprends ma journée de marche avec souffrance car j'ai beau avoir soigné mes pieds, il reste que certaines plaies sont vives. En examinant mon guide du pèlerin, il est spécifié de faire très attention, car au début de ce chemin il y a une entreprise située en bordure du chemin qui possède des chiens très méchants... Pour que ce soit mentionné dans le guide, c'est que ce doit être vraiment dangereux.

Au début de ce sentier menant à San Xil le brouillard est de la partie et l'entrée dans la partie boisée est très bizarre. J'entends au loin des hurlements d'animaux, mais j'ignore de quel animal il s'agit. Si ce sont les cris des chiens méchants, je me dis que ce doit être beaucoup plus des monstres. Je ne vous cacherai pas que j'ai un peu peur d'entendre ces hurlements qui sont terrifiants. Ces sons ne peuvent pas être le hurlement des chiens, ils sont trop forts et puissants. Les lieux ressemblent à un film d'horreur avec cette brume matinale... Puis je me retrouve dans une vallée encore une fois très sinueuse et selon le guide, le paysage change à tous les 50 mètres. Je me suis dit qu'ils doivent bien exagérer un peu. Mais non, il faut le voir.

Ce fut le chemin boisé le plus beau et le plus inattendu que j'ai parcouru dans ma vie. Quel décor! À nouveau je ne peux m'empêcher de chanter à tue-tête le Psaume de la création4 :

oMon Dieu tu es grand tu es beau

Dieu vivant Dieu très haut tu es le Dieu d'amour...

en toute création. o

C'est de toute beauté et inconcevable de s'imaginer un tel chemin parsemé de virages à 90 degrés ou presque et révélant tout d'un coup un décor complètement différent. J'ai l'impression de me retrouver dans des studios de cinéma tellement le décor change d'une courbe à l'autre. Le sentiment de peur dû aux hurlements a disparu totalement pour faire place à un émerveillement. J'ai les yeux grands ouverts car ce chemin me fascine. Tous ces décors m'envoûtent. Je me surprends à admirer un simple muret de pierres me rappelant tous les efforts que ces paysans ont mis pour le monter en plaçant les pierres une par une et former ainsi une très grande clôture pour protéger leur troupeau. C'est fascinant. Dans notre vie de tous les jours, c'est après avoir vécu une journée à la fois que l'on accumule des années de travail et de dépassement pour se rendre compte des transformations qui se sont opérées en nous et de tout ce que nous avons réalisé. Au bout de la vie, le compte est impressionnant.

Est-ce possible de demeurer
indifférent devant une
si belle nature?

Le chemin creux est le chemin de
bien des heureux.

Le reste de la journée je le marche tout seul dans la brume et sous une belle pluie. Comme le disait Jean-Paul II lors de sa visite au Canada au Sanctuaire Notre-Dame du Cap en 1984, c'est une pluie de grâce. Qu'elle était belle et quel nouveau visage de la terre elle apportait. Ces gouttelettes de pluie, formant des cercles dans les flaques d'eau, venaient étancher la soif de la terre et lui permettre de nourrir les milliards de plantes qui la composent. Qu'elle est belle ta création Seigneur! Mon rythme de marche a emprunté le même rythme que celui de la pluie; douce, calme et coulant ici et là sur ce circuit qui traversait les villages et les champs. Cela n'arrête pas mon entrain, au contraire, cette pluie me stimule et m'invite à chanter joyeusement une chanson de Sacha Distel8 :

o Toute la pluie tombe sur moi... o

C'est un beau cadeau de marcher sous la pluie, cela nous invite à l'espérance, à toujours se rappeler qu'après la pluie vient le beau temps. Les épreuves de la vie nous amènent à redécouvrir le sens de l'émerveillement et de l'admiration qui se trouvent présent dans nos coeurs d'enfant, mais que la raison a étouffé. Une petite pause s'impose dans un café bar pour goûter la chaleur d'un foyer, d'un accueil et de partages entre pèlerins. Et hop, on repart après un plein d'énergie qui nous aidera à poursuivre la route.

Le midi, je m'arrête à l'abri d'un arbre pour prendre un léger repas. Je ne peux faire autrement avec le peu de nourriture que je transporte dans mon sac à dos. La pluie me donne l'envie de prolonger la pause et de sommeiller. Cette pause ne fut pas longue, car l'humidité m'incommode. Mais qu'elle est reposante cette pluie et combien charmant cet arbre majestueux qui me permet de relaxer à l'abri de la pluie. L'on ne manque vraiment de rien sur le chemin; il y a toujours un coin quelque part pour poser sa tête et même la nourriture, car de nouveau en route, j'aperçois soudain sur le bord du chemin, un pommier. Avec mon bâton de pèlerin, dont la tête est recourbée, je décroche, d'une haute branche, une belle pomme. Merci Seigneur pour ta générosité.

Le chemin me révèle ses beautés : murs de pierres délimitant d'immenses terres, petits ruisseaux et ponts ici et là. Je me laisse envahir par la simplicité de ces paysages au point où je me mets à admirer des limaces qui rampent sur le chemin. J'admire l'effort qu’elles donnent pour avancer. Il est impressionnant de voir que même avec le handicap de leur minuscule taille, elles avancent et parviennent au bout de leur route. Qu’il est doux de regarder la pluie tomber dans les ruisseaux! Ces cercles que les gouttes forment en tombant provoquent de jolis sillons et des formes variées. Une toute petite goutte d’eau met de la vie dans une flaque et crée du mouvement; cela change tout. Quand on observe l’eau, la moindre goutte apporte un changement et nous fait voir la mare d’eau d’une façon différente. Nos vies reçoivent des milliers de gouttes d’eau sous des formes différentes; des rencontres inattendues, des situations diverses nous permettent d’avoir un regard différent sur la vie et les beautés qu’elle renferme. Le chemin et tout ce qu’il renferme nous permettent de comprendre pourquoi ce pèlerinage est si populaire : plus rien n’est pareil dans notre façon de regarder les gens, les situations et les paysages qui nous entourent. Les traces de pas creusant des sillons sont impressionnantes à certains endroits. Les centres du chemin sont assez creux que l’on ne voit pas par-dessus les bords. Que de personnes ont dû fouler ce sol pour en laisser une marque si profonde! La végétation abondante donne un effet saisissant comme dans une jungle. La brume qui parsème les champs donne un cachet admirable à travers duquel nous percevons des maisonnettes, des cimes de montagne ou encore des murets.

Finalement, en après-midi la pluie cesse et je quitte la campagne pour traverser la ville de Sarria où je prévois m'arrêter. En traversant Sarria, j'ai croisé mon amie Liège qui partageait la route avec une autre Brésilienne prénommée Camila. Je ne désire pas me jondre à elles car je ressens le besoin d'être seul. Je poursuis donc la route en solitaire. Sur mon trajet, j'aperçois une caserne de police devant laquelle il y avait plusieurs voitures de patrouille; je ne peux m'empêcher de penser à mes confrères et consoeurs de travail. Que le Seigneur bénisse ces agents de la paix et tous ceux et celles qui travaillent avec eux pour bâtir un monde meilleur. Les muscles de mes jambes me font souffrir de plus en plus et je m'en rends compte principalement lorsque je descends une côte. À ce moment-là, la côte que je descends est voisine d'un cimetière qui a des allures morbides, cette pente me donne du fil à retorde… La descente est douloureuse au point que je me mets à descendre en zigzag, à la manière du slalom en ski alpin. C'est le seul moyen que j'ai trouvé pour atténuer un peu la douleur.

Rendu au bas de cette fameuse côte que je descends de peine et de misère, je me rends compte par mon guide du pèlerin que je suis passé tout droit… le refuge est maintenant derrière moi. Non, il n'est pas question que je revienne sur mes pas!
J'ai eu assez de souffrance à descendre cette côte qu'il n'est pas question de la remonter pour avoir à la redescendre. Je me dis donc que je n'avais pas à demeurer à cet endroit. J'ai à poursuivre la route et je demande à St-Jacques de me guider là où il le veut.
Retenez cette dernière phrase, plus tard elle sera significative.
Je reprends donc un chemin de campagne, mais jusqu'où? Je l'ignore totalement, je verrai ce que je croiserai.

Je traverse encore de belles terres et forêts et une surprise de taille m'attend. Je me retrouve après Sarria sur un très beau chemin délimité par de grands arbres de chaque côté. Soudain, une côte devant moi déploie un majestueux paysage. Je ne peux m'empêcher de sortir à nouveau l'appareil photo et d'immortaliser ce superbe coin de pays. Je m'installe donc pour prendre en photo la montée qui s'offre devant moi, mais une fois mes yeux fixés dans le viseur, j'aperçois l'ombre d'un pèlerin devant moi en plein milieu du chemin, au haut de cette montagne. Je suis surpris, car je n'avais vu personne devant moi et là j'aperçois son ombre dans ma lentille. Je reste ainsi quelques secondes à peine pour prendre une belle photo et lorsque j'abaisse mon appareil plus rien devant moi, aucune trace du pèlerin...

En avant marchons fiers pèlerins, sur ces
chemins d'histoires abracadabrantes.

L'image était celle d'un pèlerin de dos qui était en marche comme si je le suivais ou plutôt comme s'il m'invitait à le suivre...

Je suis estomaqué et je me dis que je ne peux pas avoir rêvé, je n'ai jamais réussi cela en marchant… J'avoue que j'ai eu un peu peur. Qu'est-ce que c'était cela? Le chemin est très large et personne ne peut avoir eu le temps d'entrer et d'en sortir aussi rapidement, impossible. Mais en même temps, je suis envahi par un sentiment de bien-être et j'ai toujours le goût d'aller plus haut, d'aller plus loin, jusqu'au bout de cette colline et surtout vis-à-vis l'endroit où j'ai aperçu cette ombre noire. C'est comme si je me sentais attiré par cette ombre. Notez que nous sommes au milieu de l'après-midi. Bien entendu, au sommet de cette colline, pas aucune trace d'un être humain et je me retrouve devant un grand champ que traverse le chemin. J'ai une envie folle de regarder la photo que j'ai pu prendre et je suis surtout curieux de savoir si je vais y voir l'ombre. Mais je me retiens et je me dis : je continue ma route, c'est tout.

Je cueille une autre bonne pomme en chemin et cela me permet de prendre de l'énergie. Finalement, j'aboutis à un endroit nommé Barbadelo. C'est un endroit isolé et les lieux laissent une impression de gros party qui s'y est déroulé il y a peu de temps. Le refuge semble presque abandonné même si c'est très propre. Il y a peu de monde dans ce refuge, car il est très petit.

Même s'il s'agit d'un tout petit village, je n'ai vraiment pas le goût d'en faire le tour, car ma condition physique est atroce. Mais je suis convaincu que c'est ici que je dois me reposer et surtout parce que mes pieds sont en feu. Je dois aussi donner une chance aux muscles de mes jambes de prendre du mieux. Les ampoules me rappellent la longue route que j'ai parcourue.

Je dois aussi penser à faire la lessive, car je vais manquer de linge propre. Par chance, il y a à cet endroit une sécheuse et c'est la première que j'aperçois dans un refuge depuis mon départ. Mais je dois quand même laver mon linge à la main dans une grande cuve dans laquelle il y a la forme d'une vieille planche à laver. Le tout est à l'extérieur et l'eau y est très froide, mais comme j'ai l'opportunité d'utiliser une sécheuse, je saute sur l'occasion et je lave tout mon linge sale. Ayant presque tout mis mon linge sale dans cette grande cuve, et j'en avais accumulé beaucoup, je débute un brassage à la main. L'eau est très froide et à la première occasion d'y plonger mes mains, surprise! Au fond de la cuve se trouvait un tesson de bouteille que je n'avais vraiment pas vu lorsque je l'ai rempli d'eau. Pourtant j'avais lavé le fond de la cuve et enlevé toutes les feuilles mortes... Eh oui, un autre incident est surveu : je me suis coupé le bout d'un doigt et profondément. Maintenant, mon linge n'est plus seulement sale, il est rouge... ça va bien avec la couleur de mes pieds, car ma plus grosse ampoule est au sang... Je n'ai pas le choix de me faire un bandage de fortune, car ça saigne trop et je dois laver mon linge qui baigne dans l'eau rose... Malgré ce que j'ai réussi à faire comme pansement, à chaque fois que j'exerce une pression pour tordre mon linge, une gouttelette de sang réussit à sortir de mon bandage et je dois à nouveau rincer mon linge. Ça prend toute une technique pour forcer avec nos mains sans exercer une pression sur le doigt coupé... Une aventure de plus à mon palmarès. Je réussis à faire une bonne partie de la lessive et à faire sécher le tout, c'est une belle prouesse.

En ces lieux, il y a mon ami Arthur qui me rejoint et l'on planifie un bon souper chaud au restaurant-bar du village. Un bon souper pendant lequel nous rigolons beaucoup. La fatigue nous aide. Cela a l'effet d'une thérapie. Quel soulagement après une rude journée! Ensemble nous nous amusons à nous expliquer les différentes expressions typiques du français du Québec et celles de la France. Je partage avec Arthur le bonheur que j'ai de partir avant que le soleil soit levé. Mes promenades de nuit me sont très bénéfiques et apaisantes. Nos discussions sont de plus en plus intenses et familières. Je me rends compte qu'on est en train de se faire un souper de gars en tête à tête et que l'on n'a pas le goût d'être dérangé ni même par nos voisins et voisines. Une chimie s'opère entre nous et nous devenons de plus en plus à l'aise à partager sur ce qui nous habite pendant ce pèlerinage et en même temps de savoir rire de nos mésaventures. D'autres amis voudraient bien se joindre à nous, mais nous réussissons à protéger ce climat dans lequel nous sommes.

Arthur constate l'état désastreux de mes pieds en me voyant marcher lors du retour au refuge. Chaque pas est encore plus atroce, car j'ai laissé mes plaies à l'air libre espérant les aider davantage. Ici tous les gens semblent se coucher tôt. L'on a l'impression que tous ceux et celles qui sont à ce refuge sont exténués. Ah! Que la nuit de sommeil s'annonce bienfaitrice. Je n'ai pas besoin de me faire bercer pour dormir. La prière du soir m'invite à remercier pour tout ce que j'ai vécu de beau en cette journée. Je me questionne bien sur cette silhouette que j'ai aperçue en prenant une photo. J'ai l'impression que je suivais quelqu'un, mais je ne l'ai vu que dans mon appareil photo. C'est très bizarre, mais je résiste toujours à la tentation de regarder les photos sur mon appareil pour voir le résultat. Après mes prières, je tombe dans un sommeil très profond. Quelle belle journée!

Chapitre 8

7e jour de marche Barbadelo – Portomarin 18,66 km

570 m – 661 m – 387m

Mercredi le 24 octobre 2007

Voici le message que j'ai envoyé après ma prochaine journée de marche.

Ouf........ Comment vous décrire tout ce que je viens de vivre de beau ces 2 derniers jours? Incroyable, de jour en jour c'est plus beau. Avec une Canadienne de Colombie-Britannique, l'on se partageait ceci : après une journée de pèlerinage, l'on se dit que l'on vient de vivre la plus belle journée du voyage et l'on constate que l'on redit la même chose chaque jour... ici, on ne vit pas au jour le jour, mais de secondes en secondes. Hier, j'ai vu le plus beau des chemins en pleine forêt juste après Triacastela, c'est la partie où j'ai marché le plus tranquillement. J'avais l'air d'une tortue parce que j'étais estomaqué de voir une si belle forêt... j'ai fait le plein d'énergie comme jamais. J'ai dû engraisser de 200 livres. À tous les 50 pieds, le paysage était complètement changé et ce n'est pas croyable comme c'est vrai.... c'était dans une vallée très sinueuse. Peut-être pourrez-vous en avoir une idée en regardant avec Google le chemin entre Triacastella et San Xil. Ça fait 2 jours que je fais vraiment le plein et que les ampoules font aussi le plein, elles grossissent et se multiplient. J'ai un peu de problèmes avec un pied, car l'infection s'est mise dedans, mais ça va quand même bien, on se soigne entre nous. Nous avons comme pèlerine une docteure de l'Argentine. Hier, j'ai pris un bon souper chaud avec Arthur un jeune français et on a bien rigolé... on a aussi partagé plein de belles choses. Je me retrouve une autre fois en compagnie d'une jeune Brésilienne qui est pharmacienne et qui me fait penser beaucoup à mes enfants et chaque fois que je la vois je me mets à chanter : you are the sunshine of my life... that's why I'll always be around, en pensant d'abord à toi Lise et à nos beaux enfants... cette chanson me rejoint beaucoup pendant le pèlerinage. Je la chante souvent en dansant comme un fou, seul sur le chemin ou même quand je suis avec d'autres; ça les fait bien rire. De plus en plus, je déborde de joie et j'ai le goût de chanter continuellement. Ici, on doit faire attention aux chiens continuellement, car il y en a partout c'est la raison pour quoi le pèlerin a toujours un bâton. Aujourd'hui, j'ai marché 5h30, mais pendant la nuit... ce fut une expérience extraordinaire. J'étais seul. Levé à 3h et ressentant un appel à aller prier la nuit comme à Medjugorje je suis parti en pleine noirceur et sous une belle pluie. À des endroits, il y avait tellement de brouillard que je ne voyais pas beaucoup plus loin que le bout du bâton, c'était capotant. J'ai réussi à me rendre à destination et je ne me suis trompé qu'une petite fois, me retrouvant derrière une maison privé. J'ai eu bien peur de rencontrer un chien, car souvent ce sont les gardiens de la maison et ils ne sont pas attachés. La dernière côte à descendre avant d'arriver a Portomartin, j'ai du la faire à reculons, car le muscle sur le dessus de la cuisse droite me faisait trop mal, impossible de descendre de l'avant et puis la côte était longue en maudit... je ne voyais pas la fin... mais quelle expérience et quelle ne fut pas la surprise de voir que le jeune Français Arthur m'avait rejoint. Il avait eu connaissance que j'étais parti vers 3h et il s'est dit si je ne me rendors pas je vais suivre le chemin de Paul. Il est parti à 4h et m'a rejoint à destination. On a eu beaucoup de plaisirs et d'émotions fortes à se partager ce que l'on venait de vivre. Encore une fois je me suis dit c'est la plus belle journée du pèlerinage. Cette marche de nuit m'a donné la chance de prier tranquillement le chapelet. Que m'attend demain? Je suis arrivé à l'auberge des pèlerins à 9h alors que les derniers pèlerins de la nuit précédente partaient... j'ai pris ma douche et me suis couché 30 min, car ils m'ont mis dehors.... ils ferment tous les jours jusqu'à 13h. Alors, je suis allé déjeuner à un petit bar... ben oui encore au bar... et c'est là que les 2 Brésiliennes nous ont rejoints vers 12h.

Là, j'étais décidé à prendre soin de moi, de mes pauvres petits muscles endoloris et de mes ampoules, dont celle qui est infectée. Mais je crois que le problème est en train de se régler... la journée de repos à nos jambes va être très bien bénéfique. Je vais retourner à l'auberge rencontrer la gang de pèlerins qui se suivent depuis plusieurs jours. Mon lavage est fait et il ne me reste qu'à me reposer et à aller à la messe ce soir 20h et à prendre un bon repas chaud en bonne compagnie...

Je vous aime beaucoup et plus particulièrement toi chérie pour qui j'ai cueilli la 1ère fleur que j'ai vu malgré la nuit... Si tu peux m'envoyer les paroles de la chanson anglaise qui dit «what a wonderful world… i think to myself what a wonderfull world».

Ça ressemble à cela et j'avais commencé à la jouer à la guitare. Et aussi le chant mon Dieu tu es beau tu es grand. J'ai ces 2 chants sur notre ordinateur. Fais des copier-coller, car je ne peux ouvrir les documents joints à certains endroits. Mon temps est presque écoulé et je veux relire vos messages qui me font tellement de bien. Excusez les fautes, je n'ai pas le temps de corriger. Astaluego Ultreia

Paul xxxxxxxxxxxx

2e jour de marche avec l'expérience de la douleur extrême

Ce mercredi, je me réveille à 3h du matin avec une envie folle de partir, de reprendre la route. Je regarde l'heure et je me dis que ça n'a pas de bon sens, je ne sais pas tout à fait où je suis sur le chemin et si je pars à cette heure il fait noir comme chez le loup et pour plusieurs heures encore. Je ne sais même pas dans quelle direction partir. Mais c'est plus fort que moi, une force, que je ne réussis pas à identifier, m'attire. Intérieurement, je ressens le besoin de me retrouver seul pour prier; pour d'une manière spéciale retrouver ce Dieu qui nous appelle à le suivre. Une paix m'invite à reprendre la route tout de suite malgré la folie de cette idée. Cette douce et invitante interpellation est si intense que je ne jongle pas longtemps avec cette idée. Je décide de partir. Je prends bien soin de ne pas déranger mes voisins de lit en ne faisant pas de bruit et en m'éclairant avec ma lampe frontale; je refais mes bagages tout doucement. Une seule personne a eu connaissance de mon départ. C'est Arthur qui dort dans le lit voisin, mais je ne me rends pas compte que je l'avais réveillé. J'entreprends donc ma 7e journée de marche au beau milieu de la nuit.

Rapidement, j'identifie la direction à prendre, mais c'est fou. Quelle idée ai-je eue là? J'avance d'un pas sûr malgré l'inconnu qui m'attend. Chose certaine, j'apprécie énormément ma lampe frontale, car il fait vraiment très noir et le chemin est difficilement repérable. Tout un défi m'attend : celui de repérer les flèches jaunes sur le chemin. Ce sont elles qui m'indiquent vers où aller. Mais les gens qui entretiennent le chemin et qui installent les indications ne pensent pas que des originaux comme moi oseraient s'aventurer en pleine nuit…

J'entreprends donc ma marche dans l'obscurité en tenant mon bâton de pèlerin bien solidement. Oui c'est celui acheté à Villafranca au gite de la famille Jato. Il me procure une certaine sécurité car qui sais ce que je rencontrerai dans la nuit… Je me dis qu'au moins j'aurai quelque chose pour me défendre s'il m'arrivait une rencontre indésirable. Je sais très bien que nous rencontrons beaucoup de chiens sur le chemin et là je suis de nuit et vraiment seul. C'est différent et donc encore plus stressant.

Mais j'avance quand même d'un pas décidé sans aucun remord et sans aucune idée d'annuler mon départ si matinal pour retourner dans un bon lit chaud. Et ce, même si à l'occasion une pluie fine tombe. Elle me semble être due à l'épais brouillard.
Je demande à St-Jacques de redoubler d'ardeur en me guidant dans cette pleine noirceur. Dans nos vies, il nous arrive de ne

plus y voir clair. On a comme besoin d'un guide pour avancer, pour aller toujours plus loin malgré les embûches. Il est donc de circonstance pour moi d'entonner ce chant de John Littleton1 :

o Va plus loin même si tu te crois arrivé…

et la route sera longue vers la fraternité

et l'horizon de l'amitié… o

La route peut paraître longue surtout quand on ne sait pas trop où aller. Ma lampe me permet au moins de voir là où je pose les pieds, mais pas bien bien plus. Soudain, la lune se pointe au travers une éclaircie. Elle semble presque pleine et est tellement brillante que je me laisse aller à l'idée d'éteindre justement ma lampe frontale pour me laisser guider par son éclat, un peu à l'image des bergers qui ont suivi l'étoile pour retrouver l'enfant Jésus. Ma marche de nuit ne se fait pas pour rien; je me dis qu'il n'arrive rien pour rien dans la vie. Cette marche va m'apporter quelque chose que je n'aurais pas réalisé autrement. Il y a de ces folies qui s'emparent de nous et sans savoir d'où nous vient cette folie. Mais j'ai quand même une idée d'où me vient cette folie.

Oui Seigneur je suis prêt à te suivre même si la route semble difficile et inconcevable... Suivre le Christ ne se fait pas sans avoir à se dépasser et cela se fait souvent d'une façon spéciale dans notre monde moderne. Nous sommes confrontés à toute sorte d'embûches. Mais rien n'est impossible à Dieu et je crois que c'est entre autres ce que je vais expérimenter cette nuit.
Il y a déjà 10 ans, j'ai été ordonné diacre permanent et cela m'a conduit sur un chemin que je n'aurais jamais imaginé, avec des passages insoupçonnés. Je ne pouvais pas m'attendre à tout ce qui m'est arrivé depuis que j'ai entrepris ma formation en 1990. Cet appel à suivre le Christ dans un ministère ordonné m'a transformé et particulièrement depuis ce jour où dans mon projet diaconal j'ai accepté d'être témoin de l'amour de Dieu dans mon milieu de travail. Moi qui au niveau collégial avais débuté une formation pour devenir policier et qui avais dû abandonner à cause de problèmes avec ma vue, me voilà interpellé à agir comme conseiller moral et spirituel pour les policiers pompiers de ma ville... Quand on s'abandonne au Seigneur l'on ne sait

jamais jusqu'où il va nous conduire, chose certaine c'est que l'on n'est jamais déçu. J'ai toujours fait confiance à la Providence et cette nuit-là j'ai à faire davantage confiance en la sagesse suprême de Dieu.

Je crois bien que par St-Jacques, il me conduira sur ce chemin plus difficile de nuit que de jour, mais par lequel je vais arriver à la même destination avec en plus des découvertes et une richesse exceptionnelle. Il y a cette belle lune qui m'éclaire et le ciel étoilé me rappelle que je suis sur le chemin des étoiles. Je ne peux vraiment plus le nier. Je me surprends énormément, moi qui en terrain connu, n'oserais même pas m'aventurer en plein bois et en pleine noirceur. Me voilà ici quelque part en Espagne, seul, marchant sans lumière autre que celle de la lune. Quelle paix et quel paysage que celui du chemin des étoiles. Je vis intensément le surnom du chemin. Il est donc normal que le chant de cette prière scout9 me revienne à l'esprit :

o As-tu compté les étoiles et les astres radieux,

déployant aux nuits sans voile leur cortège dans les cieux?

Dieu qui leur donna la vie et l'éclat,

Dieu qui leur fixa le jour et le pas, sait aussi quel

est leur nombre et ne les oublie pas… o

Toutes les images et les chants10-11-12 dans lesquels il est question

d'étoiles me reviennent aussi en tête :

o Oui, mon nom est écrit dans le ciel comme en des

millions d'étoiles… o

o Y a une étoile pour nous, y a

une étoile pour chacun de nous… o

o J'allume une étoile au pied de mon lit et je fais

des ombres, sur le mur fleuri… o

Je les chante, et je m'enivre de cette noirceur si belle. Je l'admire et je suis charmé par la lueur que la nuit révèle. Que de fois nos difficultés nous semblent comme des nuits interminables, comme ne révélant aucune lueur à l'horizon! Mais cette nuit-là, c'était magique, c'était la plus belle nuit du monde. D'ailleurs, un moment donné je me suis mis à chanter ce chant de Noël13 :

o La plus belle nuit du monde, c'est cette nuit de Noel

où les bergers étonnés levèrent les yeux vers le ciel

Une étoile semble dire suivez moi je vous conduis

il est né cette nuit… o

Il y avait à travers ce ciel étoilé une force qui m'interpellait à goûter à plein à cette marche de nuit et à me laisser éclairer le coeur par elle. Et ce, même lorsque la lune fut cachée par la densité de la forêt…

Fini la marche sous les étoiles, les arbres cachent cet éclat alors de retour avec la lumière artificielle de ma lampe frontale. Il fait vraiment trop noir en plein bois sous un feuillage dense et surtout dans un lieu complètement inconnu. Oh! Qu'elles étaient appréciées ces flèches jaunes me rappelant que je suis sur le chemin vers Compostelle. Je ne les ai jamais tant appréciées que lors de cette nuit-là. Je scrutais tous les alentours pour ne pas en manquer une, car c'était là ma crainte de me retrouver sur la mauvaise route, seul en pleine nuit. Homme de peu de foi, St-Jacques te conduit, alors avance sans crainte et va plus loin.

Je constate pendant cette randonnée extrême que marcher dans le noir et vaincre nos peurs c'est facile quand on marche sur les pas de Jésus-Christ.

Soudain, un épais brouillard envahit le chemin. Il est si dense que j'élève mon bâton de marche et je me rends compte que je ne vois même pas le bout de mon bâton. Wow! Cela prend de l'audace pour continuer, car même la lumière de ma lampe frontale ne traverse pas ce brouillard.

Après quelques heures de marche, les batteries de ma lampe frontale démontrent des signes de faiblesse, mais il fait si noir que je ne m'imagine pas essayant de les changer. Est-ce la peur de me retrouver en pleine noirceur et ainsi sans pouvoir avancer sans se tromper de chemin? Je poursuis donc ma route avec une lueur faible, mais tant qu'il y a de la vie, il y a de l'espoir alors je poursuis mon élan. Mais j'avoue que je crains la panne totale. Après coup, je m'aperçois que je ne me suis jamais arrêté pendant cette marche nocturne. Je ne me suis pas donné la chance de récupérer et de prendre soin de mon corps.

L'expérience intense de cette escapade nocturne m'aveugle un peu et aura des conséquences. Je l'ai constaté lors des derniers kilomètres avant d'arriver à Portomarin. Je souffre de plus en plus, et ce, principalement lorsque je descends. Mais la noirceur est telle que je ne me rends pas toujours compte si je monte ou si je descends. Vers 6h ou 7h du matin, alors qu'il fait toujours très noir, les douleurs aux cuisses m'empêchent de descendre une côte très abrupte et très longue. Pour continuer, il n'y a qu'une seule solution : descendre à reculons, car je suis rendu à la limite de mon endurance. Je m'arrête soudainement de marcher, car je sens que si je tente un autre pas vers l'avant, je vais trébucher. Avec mon sac à dos ce serait beau à voir : déboulant cette côte très abrupte, un sac à dos, un pèlerin, un sac à dos, un pèlerin...

Je me retourne donc pour marcher à l'envers. Là, c'est le cas de le dire j'avance à reculons en direction de la ville de Porto Marin.

Mais je me dis que l'important c'est d'avancer, qu'importe de quelle façon, pourvu que j'avance vers la destination. Surprise! En pleine noirceur, alors que je descendais à reculons, une ombre apparaît devant moi ou plutôt derrière moi. À quelques mètres, je reconnais mon ami Arthur le Français. Quelle surprise! Je lui dis : tu es malade! Qu'est-ce que tu fais ici en pleine nuit? Et là, on s'éclate de rire comme lors de notre souper de la veille… Quel plaisir de se partager nos mésaventures de cette marche sous les étoiles! C'est ensemble que nous terminons les derniers kilomètres, à peine 3 km avant l'entrée dans la ville. Je profite des encouragements d'Arthur, car je dois terminer de descendre cette intense côte à reculons. Nous entrons dans cette ville et la faim nous tenaille après cette marche nocturne de 18 km.

Nous sommes à la recherche d'un coin où manger et finalement alors qu'il fait toujours nuit, nous apercevons une boulangerie qui ouvre ses portes alors nous nous y précipitons et nous avons la joie de pouvoir nous acheter un croissant au chocolat. Quel délice! Nous avions vraiment besoin d'énergie. Sur la route,

Arthur me partage qu'il a eu connaissance que je parte à 3h. Il s'est dit : si à 4h je ne dors pas, je vais le rejoindre, c'est ce qui s'est produit. Mais il me confie qu'il est peureux de nature alors cette expérience de nuit lui a permis d'affronter ses peurs. Il y a eu 2 évènements majeurs : cette nuit-là, la brume était très dense par moment et soudain il a croisé une ombre qui selon lui, ne pouvait pas être celle d'une personne. Le personnage marchait seul sans aucune lampe de poche et avait une grande cape noire comme manteau. Arthur n'a même pas osé le regarder. Il a poursuivi sa route sans regarder à l'arrière, car il était apeuré. Plus loin, il a eu à affronter un chien et pour l'éviter il s'est sauvé dans un champ, mais il s'est retrouvé dans un amas de ronces et plus il s'y enfonçait, plus il lui devenait impossible de rebrousser chemin. Il a soudain aperçu les lueurs d'une grange et s'y est dirigé pour demander l'aide des paysans qui faisaient la traite de leurs animaux. Il s'est retrouvé avec de multiples égratignures sur les jambes et une peur bleue que le chien méchant le rattrape.
Il est heureux quand même d'avoir défié ses peurs et cette marche de nuit il la considère comme très bénéfique. Mais la rencontre

de ce qui semblait un personnage l'a marqué profondément... Il se questionne à savoir ce que c'était. Il me raconte cette histoire et moi je ne réalise pas du tout ce que ce dont il s'agit, me disant que c'était peut-être un habitué de la place. Mais je trouve quand même cette rencontre comme inconcevable et très étrange. La fatigue de la nuit, la faim et les douleurs physiques détournent alors notre attention; nous ne tentons donc pas d'éclaircir ce mystère. Dans le village de Portomarin, je localise le refuge pour pèlerins. Il est maintenant 9h et je me précipite pour prendre une douche et y dormir. Je dois aussi nettoyer mes bottes de marche, car le chemin des pèlerins est aussi celui des animaux tels chiens, chats, boeufs, moutons... De jour, ça va bien pour éviter les excréments d'animaux, mais de nuit... c'est presque impossible alors plus d'une fois j'ai posé les 2 pieds dans d'énormes tas de bouses... risquant à chaque fois de tomber par terre tellement c'était glissant.

Dans le refuge je suis presque seul, car les derniers pèlerins y ayant passé la nuit s'apprêtent à quitter le gîte. Je me couche, épuisé de cette marche nocturne et douloureuse que j'ai accomplie sans arrêt. Surprise! L'on me réveille après que quelques minutes de sommeil, car je dois quitter le refuge. Les femmes de ménage ferment le refuge pour faire le grand ménage. J'ai beau leur expliquer que j'ai marché toute la nuit, mais c'est le règlement : je dois partir. Alors, je me suis fait mettre dehors en m'informant que je pourrais revenir à 13 h. Je me rhabille, refais mes bagages et pars pour visiter tranquillement cette ville, car il est impensable pour moi de vouloir continuer la route. Je dois me reposer et terminer le lavage entrepris la veille.

Je trouve donc une bonne vieille taverne pour y manger un bon repas. Et là, ce sont les retrouvailles, Arthur y terminait sa pause pour reprendre la route et pendant que je mangeais, Liège arrive accompagnée d'une autre Brésilienne : Camila. Je les informe que j'ai expérimenté la marche de nuit et que je retourne au refuge pour pèlerins pour m'y reposer et faire du lavage. Liège trouve l'idée du repos et du lavage très intéressante et s'y arrête elle aussi.

Un refuge tout neuf à Portomarin, un gros
luxe avec laveuses et sécheuses...

Nous nous présentons sur les lieux dès l'ouverture. Après une petite période de repos, j'effectue mon premier lavage communautaire. Avec Liège, on fait une grosse brassée de linge, car le coût de la machine est plus cher qu'ailleurs et l'on trouve très avantageux de partager les coûts. L'on en profite pour continuer la visite des lieux et faire un peu de magasinage. La cathédrale est tout juste à côté du refuge et la musique que joue le carillon est merveilleuse et très douce. Elle m'interpelle pour vivre l'eucharistie et remercier Dieu pour une autre belle journée vécue en sa présence. Quelle belle douceur de Dieu : nous appeler pour refaire le plein. Je suis très heureux de retrouver cette atmosphère de paix et de quiétude. Un bon souper entre pèlerins clôture la journée, mais comme je suis exténué je pars tôt pour prendre une bonne nuit de sommeil. Mais il faut tout de même faire un arrêt au café internet pour donner des nouvelles à mon monde.

Chapitre 9

8e jour de marche Portomarin – Palas de Rei 25,1 km

570 m – 661 m – 387 m

Jeudi le 25 octobre 2007

Ouain pi là, attachez vos tuques... celle-là..... ouf est quelque chose... je marchais ce matin et je me disais que je devrais commencer par écrire ceci : Trou de cul de marde ... C'est le bout d'la marde .... icitt parce que la veille quand j'ai marché de nuit, j'ai pilé une couple de fois dans les grosses bouses de vache qui trainent ici et là dans les ruelles. Mes ampoules vont de mieux en mieux je marche dessus comme si de rien n'était; l'infection semble partir. Mais depuis 2 jours c'est un muscle situé en haut du genou droit qui me fait mal et aujourd'hui ce fut atroce. Nous sommes partis vers 8h30 ce matin alors qu'il faisait très froid, mais je suis encore en short.... il y avait de la gelée par terre. Très belle journée ensoleillée avec 25 km à faire en montagne et un peu sur la route. Comme j'ai pris l'habitude depuis quelques jours je prends le temps de réciter le rosaire le matin au départ. Je pense à vous tous, mais d'une façon spéciale ce matin à ces 3 veuves : Geneviève Manon et Angèle, ces femmes de policiers que j'ai accompagné dans la maladie du cancer ces 3 dernières années... Je marche seul, mais avec en vue plusieurs pèlerins autant devant que derrière moi. On essaie de respecter une distance d'environ 100 mètres, plus ou moins, pour vivre à travers ce pèlerinage une intériorisation ...

(Le reste du message est presque intégral dans le récit de ma journée...) Je n'ai pas le temps de corriger les fautes j'espère que c'est lisible à plus tard et ne vous inquiétez pas, je ne reculerai pas, je vais plus loin et plus haut... Ultreia. Chérie je t'aime et dis à papa que j'ai essayé de l'appeler 3 fois et ça ne marche pas. Je ne sais pas pourquoi. Dis-lui aussi que j'ai chanté le chant des chevaliers de Colomb : en avant marchons, en avant marchons... J'ai lu vos messages hier et aujourd'hui et merci beaucoup.

Paul xxx

Marie et St-Jacques toujours prêts à nous

conduire à celui qui est le Chemin...

Ce matin, je déborde d'énergie. Je fais mes exercices d'étirement dans la cuisine en chantant14 :

o Don't worry be happy o

et en sifflant ... Les autres pèlerins rigolent bien. Il y a un groupe de 4 pèlerins allemands qui célèbrent l'anniversaire de l'un d'eux. Je lui souhaite une superbe de belle journée de fête et sur ce je décolle. Je ne peux m'empêcher de chanter en exécutant mes premiers pas de marche, mais cela tombe sur les nerfs de Liège qui est partie en même temps que moi. Elle rencontre une autre amie et décide donc de continuer un bout de chemin avec elle. Je comprends bien qu'elle veut être plus calme pour amorcer sa journée. Mais en moi, la bonne humeur déborde, je suis bien trop heureux pour garder cela en moi. La lecture de la liturgie des heures que je prends le temps de faire tous les jours, matin et soir, m'a donné beaucoup de courage et d'entrain, en plus bien sûr d'un bon déjeuner santé pris à la cuisine du refuge en compagnie de plusieurs pèlerins.

Dès le départ, un merveilleux pont piétonnier suspendu au-dessus d'une rivière donne un paysage à couper le souffle malgré la brume qui recouvre une partie de la ville. Ce long pont est si beau que j'aimerais bien m'arrêter pour l'admirer et le photographier, mais non, je suis embrayé à grande vitesse; incapable de m'arrêter. Nous sommes plusieurs pèlerins à nous suivre tout en laissant une distance favorisant la solitude et la réflexion. Au milieu de la journée, je rencontre Manuel, un Espagnol venant de Madrid. C'est la 2e fois que je le rencontre. La 1ere fois, il parlait comme un gars chaud. Je me demandais même s'il avait un problème de langage, car j'avais de la difficulté à comprendre son anglais. Il avait la bouche pâteuse. Mais là, il parle bien et disons que c'est plus agréable comme discussion.

Il remarque que je suis fatigué et me conseille de manger des marrons. Ouache! C'est la première réaction qui me vient en tête, car j'ai déjà goûté à ce fruit en Italie lors d'un précédent voyage. Les enfants d'un couple d'amis adoraient manger des marrons chauds et c'était une fête pour eux de pouvoir en manger. Par erreur, nous appelons cela des marrons, mais il s'agit plutôt de châtaignes. Je me souviens de leur réaction très expressive lorsque leurs parents avaient décidé d'en acheter. Ils m'en ont donné avec joie et quand j'ai mangé mon premier châtaigne, je n'ai pas été capable de me retenir : je l'ai craché par terre et je me suis excusé, car je trouvais cela terriblement mauvais. J'étais incapable de l'avaler. Et puis là, Manuel me conseille de manger des châtaignes crus pour, dit-il, me donner de l'énergie... Je suis réticent et pas à peu près! Finalement, j'en prends un par respect. Au début, je trouve que ça ressemble un peu au goût d'un gland que l'on retrouve dans les chênes. C'est amer et sec, mais je continue à le mâcher et Manuel m'explique que c'est ce qu'il faut faire; mastiquer pour en retirer tout ce qu'il contient de vitamines et minéraux. Cela me redonnera de l'énergie, m'assure-t-il. Je le quitte pour marcher seul et plus loin, à mon grand étonnement, je constate que j'ai beaucoup plus d'énergie. Je m'empresse donc d'en ramasser plusieurs, car il y a plusieurs châtaigniers ici et là sur le bord du chemin. Quand ils sont murs, ils tombent de l'arbre alors je m'emplis les poches. Ce sera un de mes passe-temps pour le reste du voyage : mâcher des châtaignes... Ce n'est pas que le goût est agréable, mais l'énergie que ça me donne en vaut vraiment la peine. Merci Manuel pour ce précieux conseil. Je l'ai mis en pratique et soyez assurés que je m'assurais d'en avoir toujours 1 ou 2 sur moi.

D'un village à l'autre il y a de quoi
renouveler notre émerveillement par les
beautés de la nature.

Dans cette région-là, le paysage ressemble beaucoup à celui du Québec. Je pense alors à toutes ces personnes que j'ai quittées pour vivre ce périple. Mais j'ai une pensée toute spéciale pour les 3 conjointes de mes ex-confrères de travail. Je compatis aux souffrances de ces 3 veuves; Manon, Geneviève et Angèle. Je prie donc à leurs intentions en reprenant mon chapelet de Compostelle.

Je passe le restant de la journée à marcher seul. Je me suis vite aperçu que je devais ralentir le pas, car des muscles semblent être en train de me lâcher. Je ne fais que descendre une petite pente et cela fait atrocement mal au point où j'aurai à descendre à reculons comme la veille si ça continue ainsi. Mais le temps est superbe et j'arrête encore à un bar pour diner, savourant un bon sandwich chaud et une bonne bière.... Par la suite, lorsque je monte une côte, ça va bien si je vais lentement. Plus la journée avance, plus ça fait mal au point d'être incapable de descendre le trottoir sans dire un «ayoye» et j'éclate de rire aussitôt, car je me rappelle ce qu'il y a d'écrit sur le gilet que j'ai acheté à Villafranca : no pain no glory de Santiago. Voilà que maintenant ça fait aussi mal en montant... ça ne va pas bien, la douleur est vraiment musculaire et même plus.

Pendant ce temps, je décide de dire un autre chapelet afin de remercier le seigneur pour tout ce qui se fait de beau à la maison Grandi-ose en pensant à tous les jeunes et aux intervenants. Il s'agit d'un lieu de loisirs adaptés pour les enfants et adultes handicapés ainsi que pour les membres de leur famille. J'ai été le président du premier conseil d'administration de ce centre de loisirs adaptés. Alors, je récite d'abord le mystère glorieux, car je suis infiniment reconnaissant pour le support que le Seigneur nous a donné dans la réalisation de ce si beau projet. Par la suite, la souffrance devient de plus en plus intense. Je laisse donc passer plusieurs pèlerins devant moi... Buzz, ce colosse venant de l'Afrique du Sud, alors qu'il me dépasse, m'offre de porter mes bagages, car il me voit marcher d'un pas très lent et avec beaucoup de douleurs. Je refuse l'invitation de Buzz disant que je vais ralentir davantage et que je vais arriver plus tard c'est tout. Mais je tiens à porter mes bagages. Je me rappelle la journée où Liège avait terriblement mal à un de ses genoux et elle avait aussi refusé mon offre. J'ai donc en tête l'idée de porter mon fardeau, car il y a beaucoup de gens qui portent des fardeaux infiniment plus lourds, comme les victimes du cancer. Je ralentis au point où je pense que les tortues me dépassent...

Là, ce n'est vraiment pas drôle, je me demande si je vais pouvoir finir le voyage ou si je vais devoir faire un bout en taxi. En plus de la douleur à l'arrière du genou gauche, je commence à ressentir du mal à l'arrière du genou droit. J'en déduis que c'est possiblement dû au fait que je marche tout croche... Je tente de me raisonner en me disant que j'ai quand même fait un bon bout de chemin. Une jeune fille me dépasse comme si de rien n'était. Elle avait son chapelet à la main et voyant que j'égrainais aussi le mien, elle me partage que celui qu'elle a, lui a été donné par son ami avant de partir pour le voyage et qu'elle l'apprécie beaucoup. Et elle me quitte tout aussi rapidement en me saluant de ce traditionnel mot d'affection : Buon Camino! C'est la 1re fois que je rencontrais cette jeune fille et ce fut la dernière, mais son passage m'a redonné un vent de fraicheur. Les douleurs sont de plus en plus insupportables. Je me demande même si je vais arriver à la prochaine auberge avant la tombée de la nuit... Maintenant que j'ai terminé le mystère glorieux, je me dis aussi bien dire les mystères joyeux et douloureux alors j'aurai récité 2 rosaires aujourd'hui. Il m'arrive assez souvent de ne pas prendre le temps de prier. Alors, 2 fois dans la même journée, ce n'est pas de trop... Je les prie tout en gardant le moral. Je réussis à chanter et même à danser, mais qu'avec le haut du corps et mon postérieur... Le bas du corps me fait trop souffrir, je ne veux pas lui faire subir davantage de douleurs. Là je marche si lentement que je pense que toutes les tortues m'ont dépassée et c'est rendu les limaces qui me dépassent. Je suis maintenant en train de prier le mystère douloureux dans la récitation du chapelet et environ 3 grains avant de finir, je ressens une sensation étrange dans le genou. Il me semble que je ne ressens plus de mal. Je n'ose pas aller plus rapidement, car je crains les douleurs. Pourtant, il me semble que je pourrais, car je n'ai plus la sensation que les pas sont pénibles à faire. Je me dis : j'ose essayer alors je change un peu ma démarche. J'allonge un peu le pas et je marche un peu plus vite. C'est incroyable, je ne ressens pas aucune douleur. Je tente encore d'aller un petit peu plus vite et je me rends compte que ça ne fait plus mal.... J'éclate en sanglots, puis là j'en braille «une maudite shot».... Qu'est-ce qui se passe? Est-ce que je rêve? Ne suis-je pas en train de recevoir des grâces très spéciales? Pourquoi ça m'arrive? Il ne pleut pas, mais je pense que je suis en train de tout mouiller l'asphalte... Je suis très ému et je me mets à marcher un plus vite... au point où j'ai envie de sauter très haut dans les airs. Mais aussitôt une douleur vive me rappelle qu'il y a une blessure qui est toujours là. Je réalise que je suis toujours blessé, mais la souffrance atroce a disparu. Il n'y a rien là maintenant, je suis capable de marcher à un pas beaucoup plus normal sans les souffrances atroces. Sauf que je me rends compte qu'il est inutile de tenter d'aller plus rapidement, car la blessure me fait signe.

Là, je suis ému à l'extrême... je suis incapable de dire à quel point mon intérieur vibre et de décrire le sentiment de bien-être qui m'envahit. Je suis de plus en plus cinglé.... je l'étais déjà, mais là c'est trop.... Peu de temps après, j'arrive à un refuge en espérant y rencontrer la gang. Mais non, nous ne sommes que 3 à 4 gars et aucun hospitalier, ni personne d'autres.... À la réception, il y a une chose que je remarque : droit devant moi, sur le tableau où sont affichés les informations, il y a une image de la Gospa, c'est le nom de la vierge Marie en langue croate. Je reconnais cette image, car je suis déjà allé à 4 reprises dans ce lieu de pèlerinage marial qu'est Medjugorje en Bosnie-Herzégovine (ex-Yougoslavie). Avec son image, il y a le message du 25 avril 2005. Pour le voir, vous n'avez qu'à visiter le site internet de Medjugorje. C'est depuis que je suis allé faire mon premier pèlerinage en 1987 que je prie le chapelet.... Je suis estomaqué! C'est le premier endroit durant mon pèlerinage où il n'y avait personne pour nous accueillir à l'entrée. Il n'y avait que cette image de la Gospa pour me souhaiter la bienvenue. Les autres gars qui ont pris la peine d'arrêter à ce refuge décident eux aussi de rester là même s'il est désert. C'est comme si c'était fermé pour la saison et qu'on avait oublié de barrer la porte. Nous avons un grand dortoir pour plus de 60 personnes. Il y en a un autre au 2e étage, mais il est barré. C'est très propre et même luxueux, car les lumières s'allument automatiquement lors de notre passage dans les corridors et dans les salles de bains. La cuisine est vidée de son contenu sauf que la cuisinière fonctionne.

Mais aucun service n'est disponible. L'on réussit à trouver une porte de douche débarrée. Alors, on a tout ce dont on a besoin pour passer une très bonne nuit de repos. Les autres pèlerins boudent ce refuge et ne s'y arrêtent même pas, car il est situé à un peu plus de 1 km avant le centre-ville de Palas de Rei. Bien sûr, nous préférons toujours nous arrêter en ville pour faire l'épicerie, pour aller au restaurant et dans un café internet afin d'envoyer et recevoir des messages. Celui-là est isolé de ces services.

Prêt à reprendre la route avec mes nouvelles jambes… Merci, Marie!

Le chemin est l'occasion d'un coeur à coeur avec Lui.

Mais attention de ne pas s'emmerder

dans des faux pas.

Tout juste à côté, il y a un magnifique restaurant, mais le coût des repas est tout aussi magnifique alors j'oublie vite l'idée d'y manger quoi que ce soit. Sauf que je mérite bien une bonne bière pour cette dernière journée d'effort surhumain. En plus, ce que je viens de vivre est une occasion de fêter. Sirotant une bonne bière sur la terrasse de ce chic restaurant, je regarde dans mon guide pour vérifier où je suis rendu exactement. Je veux aussi revoir le chemin parcouru, ce que je n'ai jamais fait auparavant. Je regardais toujours le chemin que j'avais à faire et non celui que je venais de faire. La chanson va plus loin, m'incitant à regarder toujours en avant. Ce qui est passé est passé. Je préfère vivre l'instant présent et préparer, quand c'est possible, ce qui est à venir... Dans mon guide, je remarque que le dernier endroit que je venais de passer avant le refuge s'appelle Alto del Rosario. Ce qui veut dire «la halte du rosaire (chapelet)» et c'est sur ce chemin que j'ai été délivré de la souffrance atroce. Mais je sais que la blessure physique est toujours là, car si je m'excite un peu trop, en sautant ou en marchant vite, le mal revient. Il n'y a plus de doute dans mon esprit. Maman Marie me fait signe. Elle prend soin de moi en m'enlevant ces souffrances... Mais je ne comprends vraiment pas tout ce qui se passe, car c'est comme si je suis à moitié guéri.

Je suis au septième ciel et donc heureux comme ce n'est pas possible. Après une bonne douche et un léger repos, la fatigue fait place à la joie. J'ai envie de chanter et de danser. Pour me changer les idées, je vais prendre une marche. Le but est bien sûr de me familiariser avec les alentours. Ensuite, je décide d'aller vers la ville qui est plus loin. Je m'y rends en chantant, dansant, sautant légèrement.... tout le monde doit penser que je suis fou.... vous autres aussi peut-être, mais ce n'est pas grave. Je prends goût à être fou de Dieu... Quand je pense à la distance qu'il reste à parcourir avant d'arriver à Santiago de Compostelle, je me dis que le décompte défile trop vite; il ne reste qu'environ

60 km. J'ai quasiment le goût de reculer... Mais bon, il faut avancer dans la vie et je suis déjà assuré que je reviendrai un jour. J'ai l'impression de marcher sur des nuages tellement je suis heureux et impressionné. À l'entrée de la ville, j'arrive derrière une belle petite église que je m'empresse de visiter. Un temps de prière de remerciement va de soi après avoir été soulagé de cette façon. J'admire les vitraux qui ornent cette belle église toute simple et pittoresque. Ceux qui représentent le Christ souffrant et le Christ glorieux avec son coeur mis en évidence, m'invitent au recueillement et à l'adoration. J'y reviendrai en soirée, car il y a une eucharistie à 20h et je tiens à remercier le Seigneur pour ces grâces reçues et à prier aussi pour ma famille et mes amis. En participant à la sainte messe, je pourrai, par la communion, vivre une rencontre encore plus intime avec le Seigneur. Je continue donc ma marche et j'en profite pour faire une petite épicerie, car il faut bien que je mange ce soir et que je déjeune demain matin. Un petit arrêt à un café internet s'impose, car il fait partie de la tradition. Je ne peux m'empêcher de leur donner de mes nouvelles et de goûter aux courriels reçus. Il y a en plusieurs

qui m'ont surpris par leur confidence et leur appui. Puis c'est le retour au refuge en pleine noirceur après avoir participé avec les paysans du coin à la messe du soir. Je suis épaté par le fait que le chemin qui est en gravier et que j'ai à faire entre l'Église et le refuge, est éclairé par de magnifiques lampadaires disposés à ras le sol de cette petite route traversant un boisé. Arrivé au refuge, je me rends compte que dans la cuisine il n'y a aucun ustensile.

Heureusement, la cuisinière fonctionne. Un pèlerin français est découragé de me voir avec mon lunch, car il se dit que je ne pourrai rien faire avec cela… C'était bien mal me connaître, scout un jour, scout toujours… un scout doit toujours être prêt et surtout débrouillard. J'ai comme prévu le coup, car je me suis acheté une boite de conserve avec un dispositif pour l'ouvrir. Je n'ai que mon couteau à cran d'arrêt pour brasser le tout pendant la cuisson et pour le manger. Ce couteau fait les 2 emplois… J'ai du bon pain, des viandes froides et une boisson gazeuse. Alors, mon ragoût en boite de conserve, accompagné d'un bon sandwich fait maison et d'un yogourt santé, me fait un bon souper complet. Vive la simplicité! Le repos par la suite est très bénéfique, car les matelas sont les plus confortables que j'ai utilisés pendant mon pèlerinage. C'est une journée de rêve malgré les douleurs. Je tombe dans les bras de Morphée dans le temps de le dire… Que me réserve demain? C'est sur cela que je m'endors…

Le petit vieux. Un message de ma femme me fait beaucoup de bien :

Salut chéri, si je comprends bien, tu es le «papy» de la gang. On dit que les voyages forment la jeunesse, mais je crois qu'ils déforment la vieillesse. Bien oui! En plus que tu dois marcher avec deux cannes, tu es rendu que tu marches à reculons. J'ai même l'impression que le cerveau est atteint aussi, car tu danses, chantes et ris tout seul. Ouin! Je pense que je vais appeler au C.L.S.C. aujourd'hui pour avoir de l'aide à ton retour. Ha!Ha!

Sans farce, profite des journées qu'il te reste pour faire le plein d'énergie. Si jamais on ne se reparle pas avant samedi peux-tu avoir une pensée pour ma grand-mère, car samedi c'est sa messe anniversaire.

P.S. France doit sortir de l'hôpital aujourd'hui.

Bonne soirée!

Je t'aime! Lise xxxxxxxx

Chapitre 10

9e jour de marche Palas de Rei – Arzua 29,5 km 387m –

Vendredi le 26 octobre 2007

10e message de Paul de Compostelle qui a envie de reculer tant ça va vite :

Holla, buenos tardes. Oups, c'est vrai il faut que je vous écrive en français. Ce matin, j'avais un peu peur de la journée avec tout ce qui m'arrive. Je vous avoue que je n'étais pas gros dans mes culottes. J'ai passé une superbe de belle nuit dans une auberge pour pèlerins que les gens semblent bouder, car elle est avant la ville de Palas de Rei et les pèlerins savent que les 2 prochains jours on se tape 29 km chacun... alors, ils préfèrent être au centre de la ville ou après... Je me suis retrouvé avec environ 6 autres personnes dans une grande auberge. C'était la plus luxueuse que je n'aie jamais vu avec en plus de très bons lits et de bons matelas; on était aux petits oiseaux. J'étais assez content la veille de ce qui m'était arrivé que ça ne me dérangeait pas du tout de faire 3 à 4 km pour aller faire mon épicerie et aller à la messe... et là chérie et ma famille ne me chicanez pas, car j'ai mis en pratique les messages de Medjugorje demandant de jeuner entre autres le vendredi... Ce matin la journée a commencé en lion...

En voici le récit :

Une autre belle journée qui commence. Dès le lever, je prends le temps de réciter mon bréviaire, mais pour la première fois du voyage, je ressens le besoin de sortir un autre livre de prières que j'ai apporté et que je n'ai pas encore utilisé une seule fois pendant mon pèlerinage. Pourtant, ce livre m'est très précieux. Il s'intitule «Prier avec le coeur» et vient de Medjugorje : lieu de pèlerinage où la vierge Maire apparaît à des jeunes depuis plus de 25 ans. Je le mets dans la poche de mon pantalon en me disant que je prendrai sûrement le temps de m'en servir pour prier dans le courant de la journée. Par la suite, je prends le petit déjeuner dans la cuisine dégarnie, mais ce petit espace non fonctionnel est vite devenu un lieu d'échanges et de confidences inattendues. Il y a entre autres, 2 pèlerins venant de France qui ont dormi au même endroit.

L'un se prénommant Alain est venu lui aussi grignoter pour bien débuter la journée. Je ne sais pas pourquoi, mais à peine quelques minutes après s'être présenté je me mets à lui partager l'expérience que j'avais vécue la veille. Je passe mon temps à frotter mes nouvelles jambes. Je suis encore émerveillé de ce qui s'est passé la veille. C'est sûrement à cause de cela que je me suis confié à lui en toute confiance.

Ce Français commence aussitôt à me partager ses difficultés personnelles qui l'amènent ici. Un gars de 64 ans, qui a connu des femmes et des femmes... et qui se rend compte que sa façon de vivre sa sexualité est tout à fait inacceptable. Il désire maintenant faire en sorte de ne plus jamais manquer de respect envers les femmes et surtout de cesser d'en abuser. Il me parle de sa conversion et de son besoin de changer de vie et entre autres il désire prendre du temps pour prier et aller à la messe, mais me dit-il : je ne sais pas comment et par où commencer. De plus, il dit être en amour avec une dame qui vit sa foi chrétienne et il tient à la respecter. Cette dame est allée en pèlerinage à Medjugorje et cela l'interpelle énormément. Sauf que lui est divorcé et cela le tracasse car il voudrait être conforme avec la foi catholique. Il regrette son mariage qu'il a fait en étant obligé. Maintenant il se sent pris avec son engagement.

Je l'écoute et je n'en reviens pas : je bois ses paroles et j'en suis estomaqué. Les frissons me passent sur le corps, car pendant que je l'écoute, je sais que j'ai sur moi un livre de prières de Medjugorje que je viens de sortir pour la 1re fois de mon sac à dos... Je pensais l'utiliser pour m'aider à mieux prier durant les jours qu'il me restait à faire sur le chemin de St-Jacques. D'ailleurs, je me suis rappelé ce jour-là, que la paroisse de Medjugorje est sous le patronat de St-Jacques. J'ai souvent utilisé ce livre auparavant et il est très usé, mais je l'aime beaucoup. Tout d'un coup, Alain me dit : est-ce que je peux te raconter un rêve que j'ai fait ces derniers jours. Je lui dis : «Oui bien sûr». «Bien voilà: J'ai rêvé que je marchais vers le pape, je ne sais pas si c'était à Rome ou ailleurs, mais j'essayais de m'approcher de lui. Il y avait plein de chiens méchants devant moi et je réussissais tout le temps à les envoyer. Ces chiens étaient pour moi les faiblesses que j'avais et qui m'empêchaient de bien vivre en chrétiens. Il y en avait un appelé l'argent, l'autre le plaisir désordonné, l'autre le travail exagéré, l'autre l'insécurité, l'autre le luxe, etc. Je les avais tous écartés de mon chemin et comme j'étais sur le point d'arriver tout près du pape il y avait un gros chien qui restait là. Il m'empêchait carrément d'être plus près du pape et je ne réussissais pas à l'éloigner. Celui-là s'appelait : la sexualité. Et je sais très bien que j'en abuse et cela me rend très inconfortable et je me sens mal d'agir ainsi. Je veux me sortir de cet esclavage.» Il finit son témoignage en me disant : «je ne sais pas par où commencer...» Je me suis mis à rire nerveusement devant lui. J'ai sorti mon livre «Prier avec le coeur» de ma poche et je lui ai donné mon livre de prières en lui disant que tantôt je ne savais pas pourquoi c'était seulement ce matin que j'ai sorti ce livre... mais maintenant, je le sais, il t'est destiné. Il est maintenant à toi. Je lui ai annoncé que j'étais le coordonnateur de la fédération nationale des services de préparation au mariage au Canada et aussi diacre permanent. Selon moi, tu as grandement avantage à vérifier si le mariage dans lequel tu t'es engagé est bien valide, car selon les lois de l'Église tu dois être libre de t'engager. Selon ce que tu me dis, il manquait cette condition essentielle. Va

Sur nos chemins le Seigneur y
dépose toujours de belles fleurs,
celles-ci me rappellent ma chérie!

voir la personne responsable qui s'occupe des cas de nullités de mariage dans ton diocèse et demande-lui de regarder ton cas. Nous sommes tous les deux très émus, d'autant plus que je venais de lui partager ma guérison d'hier... et qu'elle est en lien direct avec Marie qui nous apprend comment prier.

On est parti séparément goûtant à plein ce beau moment

d'intimité. À noter que c'était la première fois qu'on se rencontrait et l'on s'est témoigné nos évènements à coeur grand ouvert, avec nos coeurs d'enfant.

Je suis très content de ce déjeuner-causerie, mais je dis au Seigeur: «slaque la pédale parce que là je trouve que tu pars raide la journée». Quelques kilomètres plus loin, je rencontre Ernst un très bon gars, originaire de l'Allemagne, avec qui j'avais partagé mon premier souper communautaire. Nous marchons au même rythme tout l'avant-midi durant. Au début, l'échange porte sur le fait que nous approchons de Compostelle, ce qui veut dire la fin du voyage. L'on s'est dit la même chose : qu'à notre retour au travail, on va demander à notre patron de nous installer un tapis roulant au lieu d'une chaise sinon on ne retourne pas travailler.... ah ah ah! La marche est si agréable et si bienfaitrice que l'on ne se voit pas arrêter de marcher. L'on se dit que l'on va s'ennuyer. Par la suite, nous marchons en silence, mais toujours au même rythme. Priant et réfléchissant chacun à nos intentions personnelles. Il y avait une chimie entre nous deux, un quelque chose d'inexplicable qui faisaient que l'on ressentait comme une amitié de longue date malgré le fait que l'on se connaissait à peine. Puis après quelques heures de marche ensemble, l'on se salue et Ernst prend les devants. Je modère le pas en savourant ce temps passé en silence en sa compagnie et bien entendu pour prendre soin de moi, car lorsque je marche trop vite, je ressens des douleurs musculaires. Sérieusement, peut-être que mon patron

ne sera pas content de ce que j'envisage de faire... Une idée de fou me passe par la tête, celle de prendre une année sabbatique... Je profite de mon pèlerinage pour méditer cela... Le reste de la journée, je suis demeuré seul, en prière pratiquement toute la journée et mettant en pratique un des messages de Medjugorje demandant de jeuner entre autres le vendredi... Je consommerai donc ce jour-là que du pain et de l'eau... Sachez que je n'ai pas manqué d'énergie, au contraire, j'avais l'impression de marcher sur un nuage tellement j'étais en admiration devant ce miracle qui me délivra des souffrances atroces. D'ailleurs je n'avais aucune idée de ce qui avait pu me causer autant de souffrances. Ce que j'appréciais c'était de pouvoir marcher à nouveau avec un rythme normal Quelle belle journée! 29 km de marche avec des petites douleurs à de nouveaux muscles ; je m'en découvre encore... Eh oui, d'autres douleurs sont apparues, mais elles ne m'empêchent pas de marcher normalement. Je sens que je ne peux pas faire le fou, car si je vais trop vite les douleurs reprennent de l'intensité. Je comprends que j'ai été soulagé du mal, mais que la blessure est toujours présente. Je réussis à trouver le bon rythme de marche sans souffrir lorsque je chante la chanson «What a wonderful world» de Louis Armstrong. C'est quand même beaucoup plus vite qu'un pas de tortue. Je fredonnais au début de ce pèlerinage que le titre de cette chanson, car c'était tout ce que je connaissais par coeur. Et puis je me suis rappelé que j'avais toutes les paroles de ce chant sur mon ordinateur à la maison. J'ai donc demandé à un de mes enfants de me les envoyer par internet. Ce chant me passionne de plus en plus car je me rends compte que ce qu'exprime ce chant correspond exactement à ce que je vis sur le chemin. La traduction correspond à ceci : je vois des arbres verts et aussi des roses rouges, ces fleurs que je vois sont pour vous et moi. Je vous rappelle mon rituel qui consiste chaque matin à cueillir la première fleur que j'aperçois le long du chemin.

Ma femme envisage utiliser ces fleurs séchées pour faire du scrapbooking. Je prends un soin jaloux de toutes ces fleurs, car je me rappelle à chaque fois une qualité ou un bon moment vécut avec ma femme avec qui je partage ma vie depuis 27 ans et avec nos 6 beaux enfants. Ensuite la chanson dit : et en moi je me dis que le monde est merveilleux! C'est ce que je trouve ici depuis mon premier jour, car c'est une rencontre internationale dans laquelle il n'y a pas d'animosité entre les peuples et où l'entraide règne qu'importe le statut social. Il y a des gens de tous les continents qui partagent ensemble une expérience humaine et spirituelle incroyable. Le partage, l'entraide et l'amitié font partie du quotidien. La langue et les cultures différentes n'empêchent aucunement le rapprochement. Même l'âge ne réussit pas à créer de barrières entre les gens; des générations différentes sont réunies sur la même route et se côtoient dans un même dortoir.

Comment ne pas s'émerveiller et ne pas répéter sans cesse que ce monde est merveilleux... Par la suite cette chanson nous rappelle ce qui frappait à nos yeux pendant que nos pas foulaient le sol: J'ai vu le ciel bleu, les nuages blancs, la clarté du jour et la noirceur sacrée de la nuit. Je me dis en moi-même que ce monde est merveilleux... Et le restant de la chanson me renverse, car cela dit : les couleurs de l'arc-en-ciel sont très belles dans le ciel, mais aussi sur le visage de ces personnes qui sont en marche. J'ai vu des amis se donner la main, se dirent comment ça va? Mais dans le fond ils se disaient tout simplement : je t'aime. Toutes les paroles de cette chanson évoquent des moments vécus lors de mon pèlerinage. Oui j'ai vu les couleurs de l'arc-en-ciel par les extraordinaires levés et couchés de soleil. Mais le plus beau était de percevoir les rayons de soleil au travers les sourires des pèlerins et de constater le partage naturel que chaque marcheur met en pratique. Toujours concernant les paroles de ce chant, il y a les mots suivants qui ne semblaient pas être à sa place : j'ai entendu des bébés crier, je les ai vu grandir et tu sais qu'ils en apprendront bien plus que je pourrai en savoir. Ces paroles je ne pensais pas les avoir vécues sur le chemin, jusqu'à ce que je me rappelle qu'au sommet du mont O cebreiro une voisine de lit avait un appareil cellulaire. Lorsqu'il sonnait, le son n'était pas celui d'un téléphone, mais la voix d'un bébé qui pleure. Je me souviens très bien qu'elle avait reçu plusieurs appels ce soir-là; je me demandais s'il y avait un bébé quelque part dans le dortoir... Sur la route je me suis souvenu aussi avoir admiré une jeune maman avec sa poussette. Mais ce qui m'avait épaté le plus c'est que le bébé avait grandi au point d'être capable de se tenir debout et de marcher. Il y avait un système adapté à la poussette qui lui permettait de se tenir debout sur un marche pied situé à l'arrière même de la poussette. La mère pouvait ainsi avoir un bébé couché dans la poussette pendant qu'un autre enfant plus vieux se tenait debout. Je trouvais cela très beau à voir. En plus, j'étais en admiration, chaque jour de voir de nombreux jeunes adultes faisant ce pèlerinage. Je me disais qu'eux partent dans la vie avec un plus, car ils mettent dans leur bagage une expérience des plus enrichissantes. Comment faire pour ne pas se dire au-dedans de nous : que le monde est merveilleux!

Il y a de ces pèlerins qui ont des
fronts de boeufs... je vais les
laisser passer...

Chemin, dis-moi où
t'arrêteras-tu?

Je passe une bonne partie de la journée en reprenant cette chanson et en dansant encore. Qu'est-ce que vous voulez, j'aime manifester ma joie et j'aime vivre jusqu'au bout de mes tripes.. Ce jour-là, pendant la récitation du rosaire, je remercie le Seigneur et je rends hommage à Antoni Bettez, un jeune décédé à 21 ans des suites de la dystrophie musculaire pour tout ce qu'il m'avait apporté de beau en particulier durant les dernières heures de sa vie terrestre. J'ai bien sûr eu une pensée particulière pour les membres de sa famille qui sont de très grands amis. Je me souviens de la dernière journée de sa vie où même sur son lit d'hôpital il gardait sa bonne humeur, sa joie de vivre : il nous faisait rire en faisant des blagues et des grimaces... c'est comme s'il nous disait qu'après sa mort ça va continuer : ce sera la joie suprême... Je suis sûr que de là-haut il m'aide à passer cette journée et qu'il réussit à envoyer des forces spéciales à ses parents et à toute sa famille J'entre dans la ville dÁrzua et au premier refuge que je rencontre, c'est complet. Au refuge suivant il ne reste que quelques places. Ça parait que nous approchons de notre but. Des chemins se rencontrent, ce qui fait que de très nombreux et nouveaux visages font leur apparition. Le refuge où je suis est rempli de jeunes provenant de l'Allemagne. Je ne reconnais personne dans mon refuge. Il ne reste plus de couverture pour se couvrir et je ne souhaite vraiment pas reprendre l'expérience que j'ai vécue au sommet du mont O'Cebreiro. Je ne me vois pas coucher avec ma serviette de bain toute humide. Je me dirige donc à travers les rues d'Arzua pour tenter de m'acheter une couverture ou un sac de couchage. Il ne me reste pas beaucoup d'argent liquide, je ne peux pas me permettre de trop dépenser. Je m'informe donc d'une boutique à l'autre cherchant à acheter une «manta». Finalement je me retrouve devant un magasin de matelas. Je me dis qu'ils ont possiblement des couvertures (manta en espagnol). Je réussis à me faire comprendre au vendeur qui finit par trouver une couverture de démonstration sur un matelas et il me dit qu'il pourrait me la vendre pour environ 10$. Je suis ravi, car comme dessin sur le dessus il y a l'image d'un superbe chat et cela ferait un très beau cadeau à ma fille Francesca qui adore les animaux. Je fais donc d'une pierre deux coups. Je suis très fier de mon achat et après un retour rapide au refuge je m'empresse d'aller à la messe du soir.

Je viens de revenir de la messe et qui j'aperçois arrivant lui aussi de la messe.... mon ami Alain ce Français de ce matin... Évidemment, nous prenons quelques instants pour partager les beaux moments vécus cette journée-là Maintenant, je dois aller finir mon lavage et ranger l'épicerie que je viens de faire pour demain. Je vais aussi soigner mes muscles et mes pieds. À noter que depuis que j'ai des ampoules sous les pieds, à chaque fois que je m'arrête, soit pour prendre une photo, reprendre mon souffle ou pour manger, chaque pas de marche est douloureux pour les prochaines centaines de mètres (ampoules au sang et douleurs musculaires). Demain, ce sera déjà la dernière grosse journée, 29 km, encore en montagnes, comme toujours.. J'ai sûrement oublié de vous conter des choses, car il me semble que mon petit cerveau déborde... ça en fait trop, mais attendez de voir les photos. Ouf! C'est à couper le souffle... Oups un autre souvenir me revient. Aujourd'hui, j'ai pensé à la Fédération nationale des Services de Préparation au Mariage. J'ai revu en images tous ces beaux moments vécus avec les animateurs de ce service, les nombreux congrès nationaux et internationaux. Cela m'a permis de réaliser encore une fois jusqu'à quel point Dieu m'a comblé de joie en m'entourant de bonnes personnes. La vie m'a vraiment été généreuse à ce jour et je sens que ça continue. J'ai pris le temps aussi de méditer sur les messages que mes amis (es) m'ont envoyés, ce fut très encourageant et renversant de constater les confidences que les gens nous font

La Galice nous charme entre autres par ces

typiques horréos qui servent à faire

sécher le maïs.

Les bains de pieds sont toujours

les bienvenus et même parfois

essentiels, pour y éteindre le feu…

en de telles circonstances... Demain, je marcherai à toutes ces intentions, lesquelles je confierai au Seigneur. Je leur offre donc ma dernière grande marche, la dernière...

À moins que les derniers 10 km soient spéciaux, je ne le sais pas, on verra. En passant en revue ma journée, je me dis que ce fut aujourd'hui une journée où je me suis laissé habiter par le bon vent de l'Esprit. Il y avait justement un bon vent à l'occasion et les nuages se faisaient très menaçants, mais je n'ai pas eu droit à la pluie. J'ai perdu de vue mes compagnons de voyage des derniers jours et je trouve cela un peu difficile, car je m'ennuie d'eux.

La dernière fois qu'ils m'ont vu, j'avais des douleurs atroces.

Alors les connaissant, je sais qu'ils s'inquiètent de moi, car on est comme en famille. Je m'attends à ce que demain, ou au plus tard dimanche, j'aie la chance de les revoir à Compostelle.. En cette fin de journée, je me demande encore que me réserve demain...

Chapitre 11

10e jour de marche Arzua – Monte Del Gozo

35,3 km – altitude 370 m

Samedi le 27 octobre 2007

Dernière grande journée de marche.

Je suis parti encore très tôt le matin après avoir pris le temps de prier le bréviaire et ainsi offrir ma journée au Seigneur. Il faisait encore noir et je repars seul. Mais pas tout à fait, car je sens bien la présence de St-Jacques qui m'a guidé sur son chemin. Merci à toi grand apôtre du Christ de m'indiquer le chemin vers ce Jésus que je rencontre à travers ces personnes qui m'entourent.

Il fait très froid ce matin-là, je porte donc sur moi tous les gilets que je possède. Sur la route, ma première activité est de prendre le temps de prier le chapelet. Je parcours ainsi des kilomètres sans vraiment m'en rendre compte. Avant le lever du jour, j'aperçois des vaches ici et là. Je ne vois que leurs yeux dans le noir. Puis, peu de temps après le lever du jour, je cueille la première fleur que j'aperçois comme c'est ma coutume quotidienne. Ma femme aura donc au moins 10 belles fleurs pour nous rappeler ces 10 belles journées de marche. Mais ce jour-là j'ai amplement le choix, car je passe à côté d'une maison où le terrassement est d'une beauté exceptionnelle. Des milliers de fleurs remplissent la cour et décorent aussi le bord du chemin. Dans cette région de l'Espagne, les horrios embellissent le décor, ce sont des bâtiments typiques à la Galice. Il s'agit de petits bâtiments servant à y loger des épis de maïs afin de les faire sécher. Certains de ces horrios sont placés par-dessus le chemin comme s'il s'agissait d'une passerelle. Cela donne un cachet tout particulier au décor déjà fabuleux.

Oh! Doux et chauds rayons de
soleil venez vers nous.

Sous le pont d'horréos, on y passe,

on y passe...

Le chant des oiseaux est plus que doux à mes oreilles. Je les remarque de plus en plus sur le chemin. Il me semble que je découvre la beauté de la nature. Je me rappelle la passion de mon ami Yves pour qui j'ai accompli ce pèlerinage. Il était un passionné des oiseaux et un observateur très connaissant. Il adorait l'ornithologie.

Je m'émerveille aussi devant les arbres qui sont gigantesques et magnifiques et à certains endroits ils recouvrent le chemin, nous laissant un passage ombragé. Je marche donc à travers une nature merveilleuse et qui m'enchante au plus haut point. Mais il y a une chose que je constate, c'est que mon chapelet que j'utilise, celui qui vient de Compostelle, est fait en métal et le résultat est qu'après avoir récité ces belles prières mariales, mes doigts sont gelés. À la fin du rosaire, je remets donc mon chapelet dans son étui puis dans mes poches et en me relevant la tête j'aperçois droit devant moi, un paysan qui vient tout juste d'allumer un feu. Il nettoyait son sous-bois et avait amassé un tas de branches mortes. En m'apercevant, il me fait signe de m'approcher pour me réchauffer... Que le Seigneur est bon! Encore une fois je suis estomaqué par la bonté si extraordinaire du Tout-Puissant. Il s'agissait du matin le plus froid. C'est la seule fois où j'ai vraiment eu froid aux mains et en finissant mon rosaire...comme une apparition, ce bon fermier m'offre de me réchauffer. C'est aussi le seul moment où j'ai eu connaissance que quelqu'un faisait un feu. Une coïncidence... un hasard... En tout cas, c'est avec joie et beaucoup d'empressement que j'ai répondu oui à son invitation. Cet homme ne parlait que l'espagnol, je n'ai donc pas eu de conversation avec lui, mais sa gentillesse a été plus qu'appréciée. En plus de me réchauffer les mains, son geste m'a réchauffé le coeur. Je dirais plus que la tendresse de Dieu m'a touché à travers le geste de ce bon paysan, par ce fait même, Marie m'a fait un beau clin d'oeil.

Vous avez bien raison cher galicien, ce feu est plus efficace que le soleil. En tout cas, ce matin là, j'ai énormément apprécié votre invitation à venir m'y réchauffer car les grains de métal de mon chapelet m'avaient gelé les mains…

La journée part admirablement bien encore une fois et j'en remercie la Sainte Providence.

Sur le chemin, j'aperçois maintenant des palmiers, cela fait tout un changement de décor. Comme tous les jours de mon pèlerinage je prends une pause à un bar. Je n'ai jamais fréquenté autant de bars de toute ma vie; à tous les jours de mon pèlerinage et même plus d'une fois par jour. Il faut dire qu'il y a pratiquement que des cafés-bars que l'on rencontre sur le chemin de Compostelle. Cela nous permet de prendre un bon sandwich avec un bon café ou une bonne bière. Le chemin nous fait souvent passer sous les routes grâce à des tunnels bien aménagés. Après l'un de ceux-ci, une belle grotte se dresse devant nous, mais aucune statue à l'intérieur sinon un enfant que la mère vient de déposer là. Une jeune famille était en train de nettoyer les lieux et avec humour pour que je puisse prendre une photo elle voulait y placer son fils, mais il n'a pas voulu y rester, un beau geste d'amitié de leur part.

Je me cherche par la suite un lieu pour prendre mon dîner que je transporte dans mon sac à dos. Je trouve finalement une boutique de menuisier. Je prends la pause et mon repas sur ses gros billots de bois. Mais le confort laisse à désirer alors je poursuis ma route. Ce jour-là, je suis pratiquement toujours seul sur le chemin, car je suis parti plus tôt que tout le monde. Une chose m'effraie de plus en plus, c'est d'apercevoir les bornes indiquant les kilomètres qu'il reste à faire avant d'arriver à Santiago de Compostelle. Le décompte se fait maintenant à chaque kilomètre et je vis une expérience trop belle; je n'ai pas du tout envie qu'elle s'arrête. Mais la réalité est là, de grosses bornes en ciment nous rappellent que la fin approche. Finalement, j'aperçois un magnifique endroit où paît un troupeau de brebis. Quel magnifique décor! Et tout juste devant ces moutons, il y a une belle butte gazonnée qui me semble l'endroit idéal pour reposer mes pieds qui chauffent de plus en plus. Assis confortablement sur cette butte qui semble être en mousse j'enlève mes bottes et mes bas pour rafraichir mes pieds endoloris.

Ô doux moutons comme vous étiez inoffensifs! Mais assis sur l'herbe à vous contempler j'étais loin de me douter que de minuscules insectes m'attaqueraient. Par mégarde, j'étais assis sur un nid de fourmies piquantes… Bye bye les moutons je vous observerez une autre fois…

Le moment est idéal et le site magique, je compte bien en profiter pour sommeiller un peu. Mais à peine 2 minutes après m'être installé, je ressens la douleur d'une piqûre, puis une autre et une autre. Je sursaute et je me rends compte que je suis assis sur un nid de fourmis. Plusieurs ont déjà eu le temps de me monter dessus. Je m'empresse de me secouer très énergiquement, car elles piquent et je ne savais même pas que des fourmies pouvaient piquer ainsi. Oh! Quelle expérience! Je garroche mes bas, mes bottes et mon sac à dos sur le chemin asphalté qui est très chaud. Mais ces fourmis semblent être tenaces, car elles se dirigent vers moi. Décidément, je dois être de la bonne viande pour elles. Mais je me dis que je les ai assez nourries comme cela et en vitesse j'enfile mes bas et mes bottes pour filer à toute allure. Avant de partir, je frappe cette butte qui n'est qu'en fait que de la mousse de tourbe et sous laquelle une immense colonie de petites fourmis s'affole. J'oublie le repos. Je tenterai de me reposer plus loin avec plus de succès j'espère.

Finalement, je passe sur un pont enjambant une belle petite rivière. Les arbres recouvrent la rivière, créant un endroit majestueux pour les oiseaux. Je les entends, mais je n'arrive pas à les localiser, j'observe, et avec ma caméra je tente de les photographier. Pas de chance je ne suis décidément pas aussi observateur que mon ami Yves. Mais le temps a passé et je me rends compte que je suis resté là plus de 30 minutes à observer des oiseaux. Merci Yves de me transmettre un peu de ta passion.

Je poursuis ma route et en montant une petite colline j'ai un choc, c'est d'apercevoir une tour de contrôle. Bien oui, c'est la tour de contrôle de l'aéroport de Compostelle. Je fais face à la réalité, je suis presque rendu. Je la vois très bien à ma gauche, direction contraire au chemin que je dois suivre. Mais c'est plus fort que moi. Je me dirige vers elle, espérant voir la piste et peut être des avions… Je fais donc un petit détour pour apercevoir une belle grande piste longeant la tour, ce qui représente pour moi la fin d'un magnifique voyage. Je suis à la fois émerveillé et triste, car je ne veux pas que cette extraordinaire randonnée se termine. En même temps, un superbe Boeing me passe au-dessus de la tête et me rappelle que je vais aller rejoindre les miens avec qui je vais partager cette grandiose expérience. Je poursuis ma route toujours seul, longeant une partie des installations de l'aéroport. Sur un poteau voisin de la borne indiquant qu'il reste 15 km, je laisse ma marque. Avec des pansements, j'écris mon nom sur le poteau car je commence à me dire que contrairement à ce que je pensais, je suis peut-être en avant de mon groupe d'amis.

Alors si c'est le cas, j'ose espérer qu'ils porteront attention à ce petit signe et qu'ils en concluront que je vais quand même bien puisque je les devance. Je poursuis ma route très lentement, car j'appréhende la fin et la fatigue me gagne. Pour la première fois, je me sens découragé et vraiment épuisé. Tout à coup, qui arrive derrière moi? Mon ami Alain le Français avec qui j'ai partagé des bouts de chemin lors des 3 derniers jours du voyage.

Ces deux- là m'ont supporté beaucoup
pendant des centaines de km , ils méritent
une petite pause...

Pas clair comme photo, c'était après une
journée de 33 km de marche avec du feu sous
les pieds qu'un ami m'a convaincu
d'aller jusqu'en bas de cette
montagne pour aller prier...

Il faut dire que là-bas, à l'horizon, c'est la
cathédrale de St-Jacques de Compostelle;
cela valait l'épreuve.

Je suis heureux de me retrouver en compagnie de quelqu'un, car cela me redonne du regain. Finalement, nous partageons sur la vie pendant près de 3 heures et sans nous en rendre compte nous passons Lavacolla, où j'avais prévu terminer ma journée de marche, pour finalement arriver à Monte Del Gozo. J'ai donc marché pendant 35.3 km au lieu des 29 prévus. Mais je suis vraiment exténué et vidé. Nous arrivons à ce superbe et gigantesque refuge, le dernier avant Santiago de Compostelle que nous apercevons du sommet du mont d'où nous sommes. Une très belle ville se dresse devant nous. L'hospitalier du refuge se nomme Ferdinand Soler et il est Français. Alain m'informe que Ferdinand a mentionné lors de notre inscription que ce soir c'est le dernier soir de prière pour les pèlerins, car la saison des pèlerinages se termine cette fin de semaine.

Alain me propose donc de nous rendre en ville pour participer à cette rencontre. Moi je n'en peu plus et je refuse catégoriquement, car je ne me sens pas avoir la force pour y parvenir, mais mon ami Alain insiste et me propose de me payer le souper si je viens. Je suis son invité dit-il. Devant son insistance, je lui demande un moment de réflexion, car je vais d'abord prendre ma douche et l'on verra ensuite. Mais une chose est sûr et certaine c'est que je veux aller à la messe et il y en a une de prévue ce soir même ici sur le site. En entrant dans le refuge, je suis devant un groupe d'enfants handicapés intellectuels et entre autres des enfants trisomiques. Je suis étonné de voir ces jeunes qui ont parcouru comme pèlerinage, les derniers 100 km. Ça va de soi que j'ai une pensée pour mon fils Jean-François qui est aussi trisomique. Je rêve tout d'un coup à une randonnée avec lui en ces lieux; que ce serait merveilleux! Je partage une chambre à 4 avec un cycliste qui a fait des milliers de kilomètres, Alain et un autre gars inconnu.

Après la douche je retrouve tous mes sens et surtout ceux qui me rappellent que mes pieds sont extrêmement douloureux. Mais je retrouve l'énergie suffisante pour envisager un voyage en autobus pour se rendre à la cathédrale de St-Jacques de Compostelle. J'accepte donc de grand coeur l'offre d'Alain. Nous nous dépêchons pour aller assister à la messe avant de partir pour la ville tant espérée. C'est vraiment une magnifique chapelle qui est bien entendu remplie à craquer, car c'est minuscule. Après l'eucharistie, nous apprenons que l'autobus, contrairement à ce qui nous avait été indiqué, ne passe pas sur le chemin situé juste à côté de la chapelle. Il faut aller la prendre en bas de la côte. Un Espagnol nous guide, car il se rend là et Ferdinand l'hospitalier nous indique qu'il va venir nous rejoindre.

Mais les souffrances de la journée n'étaient pas terminées pour moi. La côte que nous devons descendre est énorme et abrupte.

Je souffre donc à chaque pas et je suis même incapable de suivre le rythme de marche de mes accompagnateurs. Ils s'en rendent compte lorsqu'une importante distance nous sépare. Alain est tout mal et s'en excuse. Nous arrivons finalement au fameux arrêt d'autobus. Mais je me dis qu'il va falloir que je remonte cette fameuse côte... Oh! Ça va être difficile et ardu. J'en ai quasiment envie de pleurer. On verra en temps et lieu. L'important c'est d'aller assister à cette rencontre de prière et ensuite de prendre un bon souper. Je suis excité à l'idée d'arriver à la cathédrale mais en même temps, cela me dérange d'y arriver par autobus. Mais je me rassure car demain je ferai le trajet à pied, en vrai pèlerin.

Et nous voilà débarqués au centre-ville. Nous suivons les indications et nous entrons finalement par l'arrière de la cathédrale. Quelle surprise lors de notre entrée à l'intérieur! C'est majestueux et très impressionnant. Nous n'avons pas le temps de visiter, car la rencontre de prière va débuter bientôt. Mais le guide nous informe qu'après la soirée de prière nous aurons droit à une visite guidée étant donné que c'est la clôture de la saison des pèlerinages.

Il règne une belle atmosphère de prière. Nous avons des feuillets de participation qui sont traduits en nos langues respectives. Il y a une démarche proposée par laquelle nous écrivons sur un bout de papier ce que l'on confie à St-Jacques afin de nous délivrer de nos faiblesses. Plus tard, dans la soirée, nous sommes invités à les bruler dans un des jardins extérieurs. Nous procédons à une marche aux flambeaux à l'intérieur de la basilique et dans les jardins. Un climat de recueillement règne pendant toute l'activité. Une paix nous envahit et une force nous transforme laissant de côté nos fatigues et nos souffrances.

St-Jacques du haut de son trône. Bon St-Jacques tu n'as pas grand

temps pour te reposer car nous
affluons par milliers pour te
demander ton aide.

Le tout se termine en allant au tombeau de St-Jacques et par la suite le geste final consiste à placer nos mains sur les épaules de St-Jacques dont la majestueuse statue est dans la niche du maître-autel. Par la suite c'est la visite guidée. Malheureusement, le guide ne parle pas français.

Demain, je me propose de prendre le temps de l'admirer, car la visite est quand même rapide. Nous quittons les lieux pour finalement prendre un bon repas dans un endroit que nous propose Ferdinand l'hospitalier. C'est une belle petite taverne typique du pays et qui semble très populaire car il y a beaucoup de monde. Le vin nous y est servi dans de grands bols. Nous apprenons Alain et moi que notre hospitalier est l'auteur d'un guide sur Compostelle. Il a fait le chemin à 13 reprises. Je me questionne à savoir ce qui peut bien inciter quelqu'un à refaire ce trajet autant de fois. Je lui demande et il me répond : je ne sais pas. Je suis estomaqué par sa réponse. Il ne sait pas encore pourquoi il fait ce pèlerinage, il le fait et c'est tout. Décidément, je pense qu'il ne cherche pas trop.

Dommage que des gens ne trouvent pas le sens de ce passage sur le chemin de St-Jacques. Bien sûr, après le repas il nous faut remonter la côte pour accéder au refuge de Monte Del Gozo. Cela se fait bien et nous découvrons la splendeur et l'immensité de ce refuge qui contient 29 gîtes. Il se trouve que celui que nous avons choisi, c'est-à-dire celui que l'on a aperçu en premier, était le 29e et donc le plus haut sur ce mont. Malgré qu'il soit déjà minuit, je prends le temps d'appeler ma famille au Canada pour leur partager ma joie et mon enthousiasme. Vous comprendrez facilement qu'après toute cette journée, je n'ai pas besoin de me faire bercer pour dormir…

Chapitre 12

11e jour de marche Monte Del Gozo Compostelle

Dimanche le 28 octobre 2007

Magnifique cathédrale de jour

comme de nuit!

Malgré l'heure tardive de mon coucher, je me réveille à 5h et je ne veux pas perdre la chance de faire une dernière petite marche de nuit. Je quitte donc le refuge en douceur pour entamer les 5 km qu'il me reste à marcher pour arriver en bon pèlerin en ce lieu de prédilection. Le soleil n'est pas encore levé. J'arrive par une rue étroite et tout d'un coup surgit au coin d'une ruelle la cathédrale dans toute sa splendeur. Quel effet incroyable! C'est encore mieux que mon arrivée de la veille. J'ai peine à croire que cette majestueuse cathédrale nous apparaisse ainsi, entourée de façon à ce qu'on l'aperçoive qu'une fois rendue à ses côtés.

Là c'est vrai, j'y entre en pèlerin avec mon sac à dos et avec la conviction que ce pèlerinage ne fait que commencer...

Ce dimanche matin, la récitation de mes prières du matin se fait donc aux côtés de la statue de St-Jacques. Je suis comme sur des nuages. Que c'est bon et beau d'être ici et d'admirer une telle architecture avec l'éclairage du matin! À cette heure matinale il n'y a pas beaucoup de monde alors j'en profite pour visiter l'endroit et tous ses recoins, car il y a beaucoup de petites chapelles tout le tour de la cathédrale. Dans l'une d'elles, j'aperçois en haut d'un tabernacle, une niche sans statue. Cette place m'intrigue. Je l'observe et tout d'un coup j'aperçois la même silhouette noire que j'avais aperçue dans le viseur de ma caméra en prenant une photo, il y a quelques jours, dans un chemin situé après Sarria. À travers ma caméra je vous rappelle que j'avais aperçu une silhouette d'un pèlerin revêtu d'une cape et d'un chapeau de pèlerin. J'étais assez estomaqué par cette seconde vision que je n'ai même pas remarqué de quelle chapelle il s'agissait. Mais c'était la même ombre noire et dans mon ignorance je me disais que c'était sûrement l'image de St-Jacques que je voyais là; lui qui m'a guidé tout au long de ce périple.

Je continue ma visite et lorsque j'aperçois l'entrée de la sacristie une idée me passe par la tête : peut-être que je pourrais participer à l'eucharistie lors de la messe des pèlerins comme diacre d'office. Je n'ai pas mon aube ni mon étole mais peut-être en ont-ils? Je m'informe au sacristain qui me dit que c'est sûrement possible. Je n'ai qu'à me présenter ici même avant la messe. Je sors donc de la cathédrale avec ce rêve en tête : agir comme diacre d'office, et ce, devant tous mes compagnons de route qui doivent se retrouver ici pour la messe spécialement dédiée aux pèlerins. Je dois maintenant me trouver un lieu d'hébergement pour la prochaine nuit et me changer pour la célébration. Mais auparavant, il me faut aller au bureau d'accueil du pèlerin afin d'obtenir ma Compostela; document officiel remis par le bureau des pèlerins de la cathédrale de St-Jacques-de-Compostelle. Je suis tout excité à l'idée de recevoir ce fameux papier certifiant que j'ai parcouru le chemin de Compostelle en pèlerin. J'entre donc dans ce bâtiment et je monte à l'étage comme indiqué. Devant moi, des personnes attendent la venue de plusieurs pèlerins. La dame que je rencontre me demande mes documents officiels : passeport et credencial. Comme elle s'apprête à remplir ledit document, je lui demande si c'est possible d'inscrire à la mémoire d'Yves Goyette. Avant de l'insérer dans le porte-document de forme conique, elle me le montre pour que je vérifie si tout est conforme. Le document est rédigé en latin et lorsque j'aperçois mon nom et celui d'Yves Goyette, j'éclate en sanglots.

Ma joie est telle que je ne peux me contenir et aussitôt la dame me demande si je vais bien, si j'ai besoin d'aide. Je la rassure que tout va très bien, je suis seulement excessivement heureux... Je quitte en gardant précieusement le document en mes mains et d'un air joyeux je parcours les allées et venues tout autour de la cathédrale. Je commence à rencontrer des gens que je connais et qui me conseillent d'aller loger à un endroit qu'ils ont trouvé et qui est très bien. Malheureusement, à mon arrivée il n'y a plus de place. Les pèlerins qui arrivent ici se dépêchent à se réserver une chambre pour pouvoir visiter les lieux toute la journée. Le second hôtel que je trouve est aussi à pleine capacité, mais la responsable fait un appel téléphonique à une amie qui lui dit qu'elle est prête à me réserver une chambre. Je me dirige à l'adresse indiquée et surprise, je me retrouve directement à côté de la cathédrale. Ma chambre est même voisine du clocher. J'ai donc une vue superbe sur la cathédrale. Je ne pouvais demander mieux, mais l'heure de la messe approche alors je dois me dépêcher pour me rendre à la sacristie.

J'y accours et une soeur me répond que ça leur ferait plaisir que je participe comme diacre et en plus c'est l'Évêque du diocèse qui va présider l'eucharistie. Sauf qu'ils n'ont pas d'étole pour un diacre mais elle me dit qu'elle va s'arranger. Elle prend une étole de prêtre et me l'attache par le côté pour qu'elle soit transformée en étole diaconale. Jamais je n'aurais pensé avoir cette occasion de vivre l'eucharistie en ces lieux de réputation internationale et surtout après avoir vécu un pèlerinage du tonnerre. Je m'imagine la face de mes compagnes et compagnons de route qui se questionnent à savoir ce qui est arrivé de moi et là ils vont m'apercevoir à l'avant avec les autres prêtres. Certains ne savent même pas que je suis diacre permanent. Je me dis et j'en suis convaincu qu'à mon retour je devrai aller rencontrer mon évêque pour lui raconter tout ce que j'ai vécu de beau et d'incroyable sur ce chemin. Je ne peux pas garder tous ces évènements pour moi et j'avais pris la décision il y a plusieurs jours que je rédigerais un livre dès mon retour. Je comprends maintenant pourquoi mon ami François m'avait interpellé à ce sujet.

La célébration eucharistique qui est spécialement célébrée pour les pèlerins qui viennent de terminer leur pèlerinage s'est bien déroulée. Il était impressionnant de revoir ces personnes rencontrées le long du chemin. J'apercevais ici et là toutes ces connaissance pendant que je lisais les prières universelles et lorsque je distribuais la communion. Par la suite, j'avais énormément hâte d'aller leur parler pour leur partager ce que j'avais vécu ces 3 derniers jours. Mon souhait se réalisa. L'un après l'autre ils arrivaient pour me saluer. Sauf que mes amis préférés manquaient à l'appel et je ne réussissais pas à les localiser parmi la foule.

Impressionnante et gigantesque. Quelle fierté de se rendre à bon port! Ce fut un moment d'extase
qui s'est gravé dans mon coeur.

Dehors aussi il y avait une foule nombreuse car une épreuve sportive se déroulait sur la grande place. Le trajet d'une course passait sur le devant et le côté de la cathédrale et il y avait donc beaucoup de barrières nous empêchant de circuler librement. Par le fait même, c'était plus difficile de localiser les autres pèlerins.
Je pris le repas du midi en compagnie d'Étienne, un Québécois

En voilà la preuve, les anges ne
sont pas tous au Ciel. Ils sont
occupés même sur terre... et
principalement dans les ruelles de
Compostelle.

rencontré quelques jours auparavant, et Arthur, mais j'étais très attristé de ne pas revoir les autres.

C'était comme un voyage manqué si cela finissait ainsi, tellement j'avais le goût de revoir Buzz, Liège et Thomas. Au restaurant j'avais commandé mon repas mais mon coeur était bouleversé, je ne pouvais concevoir que cela se termine ainsi. La course étant terminé à l'extérieur, j'ai demandé à mes 2 amis de m'excuser car je tenais à aller faire le tour du terrain de la cathédrale pour m'assurer que mes amis ne soient pas là à m'attendre. Je fis donc une course enlevante car il y avait plein de marches et des racoins et bien entendu il y avait beaucoup de gens ici et là. Je suis revenu au restaurant bredouille et mon assiette était servie. J'en étais gêné mais ils comprenaient que cela me touchait énormément. Après le repas, je partis donc arpenter les rues de Compostelle espérant les revoir. J'en étais perturbé au point d'oublier toutes les belles choses vécues pendant mes 2 dernières semaines. Finalement, il fallait que je me saisisse et que je prenne cela comme une autre expérience à vivre.

Je me suis mis à admirer les lieux et tout d'un coup j'aperçois Buzz... Eurêka que j'étais content de le revoir d'autant plus qu'il m'apprend que la gang s'est donné rendez-vous ce soir à un restaurant pour un souper d'adieu. Yes! je reverrai tout le monde. Là, j'étais comblé, je sautais de joie. Je n'ai qu'à patienter quelques heures. En continuant ma promenade touristique sur les places de la cathédrale j'aperçois, au pied d'un immense escalier très large, un peintre qui s'exécute et au côté de lui un joueur de guitare. Le peintre me rappelle ma fille Francesca qui peint depuis quelques années. Il peint ce décor où nous sommes situés et le fait dans le même style que ma fille. Le guitariste jouait du jazz. Je lui demande s'il connaissait la chanson What a wonderfull world. Comme il la connaissait, je me suis mis à la chanter à plein poumon et lui m'accompagnait. Ce fut un moment très intense. Les gens assis ici et là dans les escaliers et autour d'une immense statue, ont apprécié ce petit tour de chant. Leurs applaudissements me l'ont confirmé.

Cette journée-là, j'ai marché sans mon sac à dos, mais j'étais chargé d'une expérience physique excessivement intense et malgré cela je ne porte plus par terre. Il me semble que je flotte et que ma joie de vivre se répercute dans tout mon corps malgré les douleurs aux pieds.

Merci cher jazz-man inconnu
d'avoir interprété avec moi la
chanson What a wonderfull
world; le public sur la grande
place a vraiment apprécié...

Talentueux artistes, vos peintures
de ces lieux éveillent en nous des
souvenirs aussi beaux et détaillés
que chacun de vos coups de
pinceaux.

Je trouve un petit café internet et j'en profite pour envoyer possiblement un dernier message. Voici le mesage que mon agente de liaison (ma femme Lise) a retourné à mes amis :

Bonjour à tous, je vous écris quelques mots à la demande de Paul. Il va bien mais il était trop fatigué et ému pour écrire aujourd'hui. Hier, il a fait 35 km, il était à 5 km de St-Jacques de Compostelle. Il s'est rendu à la cathédrale en autobus avec son dernier ami Français. Il m'a téléphoné à minuit, à son heure et il était toujours sous le choc de ce qu'il lui arrive. Aujourd'hui, il a fait le dernier 5 km à pied et il a retrouvé sa gang qu'il avait perdue de vue depuis quelques jours. Il mange avec eux ce soir. Il prend le train demain pour se rendre à Madrid et reprend l'avion mardi matin. Peut-être que vous aurez un compte rendu de sa part demain. La lecture sera sûrement plus palpitante que la mienne. Je vous remercie pour tous les messages d'encouragement que vous lui avez transmis, ils ont été très précieux pour lui. Car je sais que vous êtes tous important pour lui Bonne fin de journée! C'était un reportage de l'agente de liaison personnelle du «Fou de Compostelle». Merci Sylvain d'avoir indiqué ce nom dans un de tes courriels, il est très bien choisi. Bye

Lise

Charmante ville de Compostelle

tu nous envoutes par tes ruelles.

Les touristes s'y régalent et

admirent en marchant les pas de

tous ces pèlerins qui y sont passés.

Même s'il est magnifique je ne

souhaite pas devenir un pèlerin de

bois. St-Jacques obtiens nous de ne

pas demeurer figer là où chacun

de nous retourne. Que nos pas ne

cessent de suivre le prochain à

venir... dans la foulée des tiens...

Je poursuis mon exploration et soudain, en me promenant à travers les rues et ruelles de cette ville très touristique, j'aperçois Thomas et Liège. Là c'est le summum, car j'ai rencontré tous ceux que j'avais besoin de revoir. Cela faisait 3 jours que nous nous étions perdus de vue et autour d'une bonne bière l'on a partagé ce qu'on a vécu de beau et de difficile ces derniers jours. De ce groupe, je suis le seul qui ne se rendra pas à Finisterre. Après être parvenu à Compostelle, il est suggéré de terminer son pèlerinage à cet endroit. Finisterre est situé au bord de la mer, à l'extrémité ouest du pays. C'était ce que les gens considéraient comme le bout du monde au temps du moyen âge et à cet endroit les pèlerins y brulaient leurs vêtements, entre autres parce qu'ils étaient sales et avaient une odeur répugnante. Par la suite, ils en enfilaient des nouveaux pour signifier qu'ils abandonnaient leur ancienne vie avec ses mauvaises habitudes et ses défauts pour épouser une nouvelle vie remplie de sérénité dans un corps et un esprit purifiés. Se rendre à Finisterre, là où le soleil couchant descend dans la mer, met un terme à cette partie du pèlerinage.

Contrairement à ce que l'on pense, le voyage est à peine commencé, la route sera longue vers la fraternité et vers l'horizon de l'amitié comme le dit John Littleton... Moi, je dois revenir au pays c'est pourquoi il faut que je parte dès le lendemain matin. Il faut que je me rende à Madrid pour prendre mon avion mardi matin. Je me dis qu'à mon prochain voyage, car je reviendrai c'est certain, je me rendrai à Finisterre parce qu'il me manque un bout de chemin...

Pour le souper nous nous retrouvons tous ensemble et quel bonheur de savoir que tous sont parvenus à terminer leur pèlerinage. On a le goût à la fête, mais le dimanche soir c'est tranquille dans cette ville. Plusieurs pèlerins se reposent pour pouvoir continuer la route vers le Cap Finisterre le lendemain. Il y a environ 92 km à marcher mais par manque de temps, certains prennent l'autobus pour s'y rendre. Mais le seul fait de se retrouver ensemble autour de la table nous comble de Que la fête commence! De chacun de nos continents, que nous apportions la joie de vivre. Que nous remettions au centuple ce que le Chemin nous a donné!

joie. Quel plaisir de savourer l'amitié qui nous unit! Les gens autour de nous doivent se demander si nous ne sommes pas sous l'effet de l'alcool, car un rien n'arrive et nous éclatons de rire. Nous immortalisons notre dernière rencontre par des photos et échanges de courriel. Je rappelle à mes amis que j'avais écrit leur adresse courriel sur mon bâton, mais que tout s'est effacé à force de passer mes mains dessus. Sur le fait ils sont déçus mais je les rassure : soyez sans crainte vos adresses sont inscrites, dans mon coeur et je suis quand même prévoyant, car je les avais recopiées dans mon guide du pèlerin.

C'est spécial de penser que dans quelques jours nous serons dispersés dans les 4 coins du monde, partageant chacun à notre manière ce que nous a apporté ce magnifique et impressionnant pèlerinage. Comme les gens me reconnaissaient souvent en entendant mon rire communicatif, j'avais promis à Buzz, quelques jours auparavant, de lui chanter la chanson du rire. C'est une chanson sans paroles dans laquelle le chanteur ne fait que rire au son d'une musique entrainante. J'ai très bien réussi à les épater par mon interprétation et tout bonnement, après des accolades, nous nous sommes laissés en chantant «What a wonderfull world...» Et voilà, il fallait passer à autre chose, la vie continue. Qu'elle est intense la vie lorsque l'on se donne la peine de la vivre à fond, avec tout notre coeur! Je ne pourrais jamais dire jusqu'à quel point la Providence a été bonne pour moi avant, durant et après ce périple. J'en remercie le Ciel.

Chapitre 13

Départ de Compostelle

Lundi le 29 octobre 2007

Le lendemain j'envisage de partir tôt, car je ne sais pas où est exactement la gare de train. Des personnes m'ont dit que c'était loin. De plus, je ne sais même pas à quelle heure sont les départs et quel est le coût. Je pars donc comme d'habitude tôt le matin et en route je demande le chemin pour la gare. Les gens sont bien sûr excessivement gentils, je suis à Compostelle!

Je suis le trajet qu'ils m'indiquent et soudainement, je regard à ma gauche et je constate que je suis devant une boutique de musique avec bien entendu des guitares en exposition dans la vitrine. Je pense aussitôt à la proposition de mon ami François qui m'avait dit lors de mon départ qu'il me payait une guitare; je n'avais qu'à la choisir. Durant tout mon pèlerinage, lorsque je traversais les villes et villages je n'ai jamais vu de magasins de musique. J'avais même complètement oublié cette idée de m'acheter une guitare. Et là, alors que je suis prêt à partir, me voilà devant ce commerce. Mais comme il est tôt il est bien entendu, fermé, alors je me dis : tu vois ce n'est pas pour toi, c'était une idée qui ne pouvait se réaliser. Je poursuis donc ma route pour trouver la gare.

Je la trouve peu de temps après. Ce n'était vraiment pas loin de la cathédrale et par le fait même de mon auberge. J'apprends à mon grand étonnement qu'il y a un seul départ pour Madrid par jour et il est au début de l'après-midi. Là j'étais indécis, car ma première idée était de louer une auto et de profiter de toute la journée pour me rendre à Madrid. J'ai donc le temps d'aller m'informer. Le résultat est que c'est beaucoup plus cher, à moins que je trouve quelqu'un qui se rende aussi à Madrid. En partageant les frais à deux cela coûterait moins cher que le train. Alors, je prends un petit déjeuner en espérant apercevoir une connaissance.

Comme j'ai tout l'avant-midi à attendre, je me dis : aussi bien trouver un café internet pour écrire un dernier message à ma famille. Je demande donc à des gens sur la place de m'indiquer où trouver un café internet. Je suis leurs indications et sans m'en rendre compte je me retrouve encore une fois devant le fameux magasin de guitare. Mais il est toujours fermé. Je continue la route que m'indiquent les gens et rendu au café internet je découvre qu'il est fermé. Mais il sera ouvert dans 20 min alors je vais siroter un café au bar voisin, et oui encore au bar. Puis à l'ouverture du café internet, je me présente. C'est étrange comme il ressemble à celui qui était situé tout près de la cathédrale. La responsable m'informe que les ordinateurs sont en haut des escaliers, tient comme à celui situé près de la cathédrale. Je monte et finalement je me rends compte que je suis exactement au même endroit que la veille, mais j'étais arrivé par un chemin inverse c'est pourquoi je n'avais pas reconnu l'endroit. Je prends donc le temps d'écrire un message et je m'empresse de retourner à la gare.

Voici une partie de mon message :

...Vous avez remarqué que j'ai sauté 2 jours. Ne vous inquiètez pas comme le dit cette chanson que je fredonnais aussi très régulièrement : ou ou ou ou ououhh, don't worry be happy... cela viendra , c'est trop beau pour que je garde cela pour moi tout seul... Aujourd'hui j'ai autre chose à vivre que de me remémorer mes 2 dernières journées. J'oubliais que je dois vivre ici 1 seconde à la fois alors peut-être que plus tard dans la journée cela viendra J'espère que le Seigneur me donnera la grâce de me souvenir de tous ces fabuleux moments que j'ai vécu ici... Après m'être informé de l'horaire du train pour Madrid je me suis renseigné à des passants pour trouver un café internet et en suivant les indications je me suis trouvé à passer devant la même boutique de musique que j avais vue plustôt, mais il est trop tôt, elle ouvre à 9h seulement... alors j'ai continué et j' ai finalement trouvé la place en question, je suis entré et là c'était pareil comme celle ou j'étais la veille. Je me suis dit : ces cafés internet sont tous pareils.... Bien c'était le même... Hier, des personnes avaient dit que la station de train était très loin de la cathédrale... Ils ne savent pas ce que c'est d'être loin, eux autres...

Ce n'étaient sûrement pas des pèlerins Hier, j'avais réussis à lire tous vos messages et à échanger avec ma femme à ce même endroit.. Bon c'est assez pour tout de suite. Il y a une boutique de musique qui est ouverte et elle m'attend je pense... J'ai hâte de vous revoir Je vous aime.

Paul XXXXXXXXXXX

Espérant que je rencontre une connaissance intéressée à mon projet de covoiturage vers Madrid. Sur le chemin de retour vers la gare je repasse une 3e fois devant la boutique de guitare. Elle est toujours fermée. Je viens pour continuer, mais c'est plus fort que moi je m'arrête au commerce voisin pour m'informer s'ils savent à quelle heure va ouvrir le magasin en question. Dans 15 minutes me dit-on? Alors, je sors en me demandant est-ce que je vais attendre, mais aussitôt sorti le couple propriétaire arrive. Je leur dis que je veux voir les guitares. À remarquer que je n'ai vraiment pas l'air d'un gars qui vient pour acheter une guitare, avec mon sac à dos un pèlerin continue habituellement son pèlerinage jusqu'à Finisterre... Ils me font signe d'entrer même si ce n'est pas encore l'heure d'ouverture. Le propriétaire est très aimable avec moi. Lui ne parle que l'espagnol tandis que moi pas du tout...

Je regarde donc parmi les guitares celles qui sont à un prix abordable. Il me propose de les essayer. Le vendeur prend le soin de bien les accorder et après un essai je succombe, j'ai le coup de foudre pour l'une d'elles. Je l'achète avec un étui pour la protéger. Je remercie St-Jacques et mon ami François, car je n'avais pas l'argent pour l'acheter et de plus il était impossible que j'achète une guitare en cours de route. La providence a encore une fois été très bonne avec moi. J'aurais aimé que quelqu'un me filme à la sortie de ce magasin, me promenant sur la rue avec mon sac à dos et ma guitare. Je devais encore une fois marcher comme sur des nuages avec le sourire fendu jusqu'aux oreilles.

Maintenant c'est vrai, je me dirige à la gare de train pour attendre jusqu'à mon départ. Je m'installe donc dans le hall d'entrée.

Tout à coup, voilà mon ami Manuel qui entre. Oui! C'est mon homme, me dis-je, car je sais qu'il vient de Madrid et il semble venir s'informer du prix du billet de train. Je cours à sa rencontre pour lui faire signe d'attendre avant d'acheter son billet. Il vient alors me rejoindre et je lui propose mon plan. Alors que je croyais que cela l'enchanterait, c'est tout le contraire il trouve inconcevable de retourner en auto au lieu du train. Il me dit qu'il est complètement découragé et que ça ne fonctionne plus dans sa tête.

Il a décidé de retourner chez lui alors qu'il avait planifié aller à Finistère. Il ressemble plus à un gars qui relève d'une brosse tant il a l'air découragé. Il s'assit à mes côtés la tête entre les 2 jambes, mais soudain il aperçoit mon étui de guitare et me demande : Mais avais-tu une guitare? Je l'informe que je viens tout juste de l'acheter et à peine j'ai terminé ma phrase qu'il me demande de l'essayer. Je lui remets donc ma guitare et j'ai la chance d'apercevoir devant moi un virtuose de la guitare. Oui un guitariste hors pair. Il joue d'une façon magistrale. J'ai même peur qu'il me demande de jouer, car je vais être terriblement gêné, moi qui ne suis qu'un simple débutant. Je suis ébahi de le voir jouer quelques pièces musicales les unes à la suite des autres. Son visage se transforme tout d'un coup, il a maintenant un sourire éclatant. La joie rayonne en lui pendant que ses doigts de fée s'entremêlent avec les cordes. Je n'ai jamais vu quelqu'un jouer ainsi. Je me questionne à savoir qui est ce fameux Manuel dont je ne connais que le prénom? Je ne le saurai probablement jamais. Tout aussi rapidement qu'il a commencé à jouer, il dépose ma guitare dans son coffret et s'empresse de me dire : maintenant je sais ce que j'ai à faire. Il reprend son sac à dos pour repartir à l'extérieur sans prendre son billet de train. Je comprends que c'est ici que j'avais à être encore une fois. Je vais donc acheter mon billet de train, car sans aucun doute je sais maintenant que c'est ce que je dois faire. En attendant à la gare j'aperçois un autre pèlerin qui venait lui aussi de Madrid, mais je ne lui parle même pas de mon projet que je portais de louer une auto. Je ressens au-dedans de moi que je dois prendre ce moyen de transport. Il est évident que ma place est ici. Moi qui pensais que mon pèlerinage était terminé, je m'étais trompé. Je m'apprête à prendre ma place dans le train, mais plusieurs bancs sont vides alors au lieu de m'assoir à ma place attitrée qui se situe aux côtés d'une jeune fille, je prends le banc à l'arrière d'elle. Le train démarre et le contrôleur vérifie nos billets. En regardant le mien, il me dit que ma place est dans le siège situé à côté de cette jeune dame. Je lui explique que j'ai pris cette place parce qu'il y a beaucoup de places libres. Il m'indique que si une personne a ce billet je devrai prendre ma place. Oui, c'est correct lui dis-je.

Intérieurement, j'ai alors la certitude que je devrai m'asseoir là mais je ne sais pas pourquoi. Je ressens encore une fois que quelque chose d'exceptionnel va survenir. C'est fou! C'est ainsi depuis le tout début de mon pèlerinage, mais je ne m'habitue pas à cela. Je me demande bien pourquoi je devrai m'asseoir à ses côtés. Après un premier arrêt du train, voilà qu'une dame monte et m'indique que je suis à sa place... Ah! Qu'est-ce qui va m'arriver encore? Pourquoi j'ai à rencontrer cette jeune?

Je m'installe donc aux côtés de cette jeune fille qui est Espagnole. Ayant la perception que l'un de nous deux a un rôle à jouer j'entreprends donc une conversation avec elle. Comme je l'informe que je suis canadien elle me demande pourquoi je suis venu en Espagne. Aussitôt après lui avoir dit que j'avais fait le pèlerinage à St-Jacques de Compostelle, elle m'indique que son père l'a fait l'année dernière. Ah oui, lui dis-je! Déjà en moi je me disais : ah! Voilà probablement pourquoi j'avais à m'asseoir à ses côtés. Elle ajoute instantanément qu'il ne l'a pas terminé, car il est mort en chemin. Oh! J'ai envie d'éclater de rire, car là je sais vraiment pourquoi je suis assis à ce siège, mais j'éprouve en même temps beaucoup de sympathie pour elle. Je lui demande si elle veut savoir pourquoi j'ai fait ce pèlerinage. Elle est vivement intéressée et elle s'étonne que je sois venu réaliser le rêve d'un ami qui est décédé du cancer et qui avait comme rêve de faire ce chemin. Elle m'écoute très attentivement et par la suite elle me partage qu'elle se demandait justement si elle ne devait pas elle aussi le faire pour son père.

Je lui partage tout ce que cela m'a apporté et aussi ce que cela représente pour la famille de mon ami, car j'avais déposé une cache de géocaching ainsi qu'une croix décorée par des photos de ses petits-enfants. Cela l'a beaucoup touché et elle m'a remercié de lui en avoir parlé. Elle me dit : C'est probablement ce que je vais faire, au moins terminer le chemin que mon père avait commencé. Nous avons médité cela pendant plusieurs minutes sans se parler et en respectant ce que chacun vivait au niveau de ses émotions. Quant à moi, une fois de plus je remerciais St-Jacques de cette rencontre providentielle. Une fois de plus, je réalisais que le chemin ne serait probablement jamais fini.

Oui, j'accepte d'être un instrument du Seigneur, de témoigner et de partager toutes les grâces reçues à travers ce pèlerinage. Le voyage de retour se poursuit et je débarque à l'aéroport de Madrid. Je tente de trouver une auberge de jeunesse, mais la plus proche de l'aéroport est trop loin et je dois être de retour très tôt à l'aéroport. Je décide donc de dormir dans l'aéroport. Je constate qu'il n'y a pas de commodités, du moins rien pour être confortable. Je vais d'un coin à l'autre de l'aéroport cherchant le meilleur endroit. Je me résigne à coucher sur un banc quelques minutes et par terre dans un recoin quelques autres minutes...

Une partie de la nuit, je partage le fruit de mon expérience avec une Française désirant savoir ce qu'était ce fameux pèlerinage de Compostelle. Elle en avait entendu parler de temps à autre, mais pas plus. Cette nuit-là ne fut pas reposante, car les heures de sommeil ont été courtes.

Nous sommes plusieurs qui se retrouvent à passer la nuit à attendre dans l'aéroport. Une fois dans l'avion, je m'aperçois à ma grande surprise que je comprends les paroles des chants de langue anglaise. Moi qui auparavant ne réussissais pas à les comprendre. Je suis estomaqué de constater cela. Ce bain de moins de 2 semaines à pratiquer mon anglais m'a aidé énormément à mieux comprendre cette langue. J'ai un transfert prévu à l'aéroport d'Amsterdam et à cet endroit je repère vite le lieu d'embarquement pour mon vol. Je m'y installe pour me reposer. Je me réveille en sursaut et je regarde ma montre. Il ne reste que 20 minutes avant l'embarquement et il n'y a que quelques personnes alentour de moi. Ce n'est pas normal. Je vérifie et le panneau indicateur indique qu'il y a eu un changement. Le lieu d'embarquement est maintenant à l'autre extrémité de l'aéroport… C'est la course folle d'un bout à l'autre de ce gigantesque aéroport. J'arrive à temps mais je suis parmi les derniers. Ouf! Je l'ai échappé belle. J'ai maintenant bien hâte de revoir ma famille à l'aéroport de Montréal.

Chapitre 14

Le pèlerinage n'est toujours pas terminé

Je me demande si mon bâton de pèlerin sera en bon état, car je l'ai attaché après mon sac à dos. Ce grand bâton de bois à la forme d'une crosse d'Évêque est un souvenir précieux que je désire conserver. À l'aéroport de Montréal, je désespère un peu, car tous les bagages de mon avion déroulent sur le tapis roulant et je ne vois toujours pas mes bagages. L'on m'informe que mes bagages sont possiblement à l'endroit prévu pour les valises de forme hors normes et l'on m'indique où me rendre. Heureusement, j'y ai retrouvé mes bagages. Mon bâton était bel et bien là et en bonne condition. Alors vient le moment de passer les douanes avec ma guitare. Je suis correct. Le montant de mon achat n'implique pas que j'aie à débourser des taxes supplémentaires. Voilà enfin ma famille que je retrouve et je suis fier de porter mon sac à dos devant eux. Je les embrasse sans enlever mon sac à dos. Il fait partie de moi. Il fut mon compagnon de route le plus fidèle.

Depuis mon arrivée à Santiago de Compostelle je n'avais pas aperçu de fleur à cueillir pour ma femme. Mais en ce moment même, j'ai beaucoup plus que cela. C'est la plus belle fleur que je ceuille dans mes bras ; ma femme adorée. Je m'empresse, de leur partager rapidement comment ce voyage fut intense et incroyable. Ma première question est : est-ce que l'on va manger à un endroit en particulier? Ma femme me dit qu'ils viennent de souper. Moi qui avais très faim j'étais très déçu. Je rêvais de partager un repas avec eux pour leur raconter le meilleur du voyage. J'étais encore dans le rythme de Compostelle : prendre le temps de se parler, d'échanger...

Je ne leur manifeste pas mon état d'âme pour ne pas les décevoir. Je suggère donc que l'on parte tout de suite et en route nous arrêterons à la halte Benny sur l'autoroute 40. Je prendrai un repas pour apporter et nous continuerons la route. Nous nous exécutons et au dit restaurant je donne ma commande et en me retournant, droit devant moi il y a une personne seule qui est en train de manger et qui me regarde. Je suis stupéfait et plus qu'étonné. Lors de mon voyage, je m'étais dit que je devrais aller rencontrer mon Évêque lors de mon retour de voyage pour parler de cette extraordinaire expérience humaine et spirituelle. Et voilà que devant moi se retrouve nul autre que mon Évêque, Mgr Martin Veillette qui revenait d'une réunion à Montréal… Il avait décidé tout bonnement d'arrêter souper à cet endroit. Encore le fruit d'une coïncidence… Non, c'est beaucoup trop, je suis encore une fois frappé d'étonnement de tout ce qui m'arrive et en plus ici même dans mon pays. Et d'autres signes aussi inattendus se sont manifestés par la suite. Un des plus incroyables et inattendus est celui-ci : quelques semaines après mon retour, je préparais le baptême du petit-fils de mon confrère Yves. Il est décédé du cancer avant même que naisse son petit fils. J'étais chez lui en compagnie de toute la famille. Sa fille qui était un peu incrédule devant tous les évènements vécus à Compostelle me demande : est-ce qu'on va le savoir lorsque quelqu'un va trouver la cache de géocaching de mon père. Bien sûr lui dis-je, car il y a une pièce identifiée au nom de ton père avec une adresse internet! Les géocacheurs, lorsqu'ils trouvent la cache, vont sur internet pour enregistrer leur découverte et l'on en est averti automatiquement. Mais en même temps que je lui explique, le téléphone sonne et sa mère Angèle va répondre au salon. Nous continuons notre conversation, mais Angèle revient tout étonnée du téléphone qu'elle vient de recevoir. Elle nous dit : «écoutez cela, ça ne se peut pas comme c'est incroyable. Savez-vous qui vient de m'appeler? C'est ma patronne et jamais qu'elle ne m'appelle et surtout pas un dimanche. Et là, à ce moment précis, elle prend la peine de m'appeler ici à la maison. Elle m'a demandé si Yves était allé à Compostelle. Non, mais je connais quelqu'un qui y est allé et il est justement ici. Elle me dit que sa fille vient de revenir d'un voyage en Espagne où elle a fait le pèlerinage à St-Jacques de Compostelle. Elle m'a raconté qu'à la cruz de Ferro elle a trouvé quelque chose qui contenait la photo d'un nommé Yves Goyette, policier de carrière qui venait de Trois-Rivières.»

La patronne d'Angèle a dit à sa fille qu'elle savait qu'une de ses

employées était mariée avec un policier du nom d'Yves Goyette. C'est pourquoi elle appelait Angèle pour vérifier le tout. Les membres de la famille sont tous ébahis et s'étonnent du fait que la fille d'Yves venait tout juste de demander si on saurait quand quelqu'un trouverait la cache... Je leur confirme que c'était comme cela que ça se passait sur le chemin de Compostelle.
Je n'en revenais pas de tout ce qui arrivait de prodigieux et d'inattendu chaque jour. Il survenait toujours quelque chose de phénoménal et de surnaturel.

Je vous ai partagé de nombreux fruits que j'ai récoltés de ce voyage et il y en a bien d'autres. Disons que ce pèlerinage est pour moi comme une renaissance, un nouveau baptême. Je ne vois plus les gens autour de moi comme avant. C'en est ainsi pour tous les pèlerins qui font ce chemin. Quelque chose les transforme, à moins que ce soit quelqu'un qui nous transfigure... Comme le dit la chanson de Michel Fugain15 :

oTout a changé ce soir on prend un nouveau départ o

Le chemin de Compostelle blanchit le monde. Il me purifie quand je m'y abandonne... et quand je me laisse imbiber de sa présence divine...

Pourquoi tant de changement en nous, en si peu de temps, malgré notre peu de foi? Ce n'est sûrement pas dû à l'audace de partir pour une telle randonnée ou au courage que cela nous demande de marcher si loin et si longtemps dans cette ère de modernité avec ses moyens de transport ultra rapide... Sans que l'on en soit conscient, St-Jacques nous invite à marcher sur les pas du Christ et notre désir d'aller plus loin nous conduit inévitablement vers Lui. C'est cela qui nous transforme, qui change notre façon de penser et qui nous aide à vivre simplement. Il y a parmi nous des gens de toutes les conditions; des étudiants, des professionnels, des sans emplois, des riches, des moins nantis et de partout à travers le monde. Pourtant dans les refuges nous nous accueillons dans la plus grande des simplicités sans distinction de race ou de classes sociales. Il nous arrive même de partager nos repas dans un dénuement extrême, en plein air ou avec très peu de commodités. L'essentiel n'est pas là, il est dans la rencontre entre humains, dans ces partages de coeur à coeur. Il est dans l'étranger que nous croisons et qui nous invite à découvrir toute sa richesse. Ce passant avec qui nous partageons la route il est

aussi l'Autre. Cet Autre il est de l'ordre du divin. Celui que nous sommes invités à côtoyer sur le chemin est nul autre que le Christ présent en mon compagnon de voyage. Tantôt il prend le visage du Christ souffrant, tantôt le Christ joyeux des Noces de Cana, tantôt le Christ au désert, méditant sur le sens de la vie et de notre mission.

Le 22 juillet 2009, au moment où j'écris ces lignes une chanson16 me vient en tête :

o Et c'est pas fini c'est rien qu'un début, le vrai soleil on l'a pas encore vu. Non c'est pas fini c'est rien qu'un début, mais c'est le plus beau des commencements... o

J'écris ces lignes le jour même de la fête de Ste-Marie Madeleine, celle qui a été guérie d'un mal étrange... Depuis que je suis en congé maladie, soit depuis mon retour de Compostelle le 30 octobre 2007, certaines personnes me disent : tu es chanceux ça te fait de belles vacances... Je leur réponds ceci : être en souffrance quotidiennement je n'appelle pas cela des vacances. Ce dont je rêve le plus c'est justement de pouvoir prendre des vacances pour me reposer, car depuis que je suis revenu, les douleurs que j'ai me causent énormément de fatigue. Je suis incapable de rester debout immobile pendant quelques minutes ni même de demeurer assis. La seule position confortable est quand je suis couché. J'écris ceci, parce que 20 mois se sont écoulés depuis mon retour de Compostelle et j'ai toujours mal aux jambes de façon atroce, et ce, quotidiennement; voici pourquoi :

Chapitre 15

L'expérience de la souffrance.

Une fois revenu au Canada, j'étais tout d'un coup, incapable de prendre des marches. Le lendemain de mon retour, je m'empresse donc de prendre rendez-vous avec mon médecin de famille, car j'ai beaucoup de douleurs. Je dois aussi faire soigner les plaies qui témoignent de mon pèlerinage extrême... Physiquement, je suis exténué. Je me dis que le taux d'adrénaline a inévitablement diminué. À Compostelle j'avais pourtant réussi à marcher les 3 derniers jours sans trop de problèmes. Et une fois rendu ici, plus rien ne fonctionne. Je ne suis même plus capable de marcher jusque chez mes voisins... J'étais allé au-delà de mes capacités physiques comme jamais je n'aurais pu m'imaginer. Mon médecin m'a même traité de fou tellement j'étais magané. Lorsque je l'ai rencontré, je pleurais, tellement je souffrais et en même temps je riais, tellement j'étais content de ce pèlerinage que je venais de vivre. J'étais comme en extase devant une si extraordinaire aventure.

Son diagnostic : un muscle partiellement déchiré, les pieds infectés là où les ampoules sont au sang et une fatigue extrême nécessitant un repos d'un mois. Puis il m'a finalement recommandé à un orthopédiste, car lorsque je suis retourné le voir après un mois, les douleurs n'avaient aucunement diminué et j'étais toujours incapable de prendre une marche. Après des examens au nucléaire et des radiographies, à Trois-Rivières et à Québec, l'orthopédiste conclut à de l'arthrose et à un cartilage complètement écrasé. À 3 reprises, il m'injecte un produit qui agira comme orthèse et me revoilà en avril 2008 recommençant à marcher. Le résultat a été étonnant, mais j'avais toujours ces douleurs intenses. Il me fit passer d'autres tests et aucun ne révélait ce qu'il y avait d'anormal. Il décide donc de m'opérer derrière le genou gauche là où ça me fait le plus mal car, selon son expérience, un lipome devrait se trouver à un endroit où il n'a pas affaire et ainsi il coincerait le nerf sciatique.

Lors de l'opération en novembre 2008, il constate qu'effectivement un lipome s'y trouvait, mais que cela était infime à côté de ce qu'il a vu. Les muscles étaient demeurés en hyper extension ne laissant aucune place au nerf sciatique qui y passait. Il a donc dû ouvrir l'enveloppe musculaire et y enlever les adhérences et les nodules qui s'y étaient formés. Suite à cela, il me donne 4 semaines de convalescence en étant convaincu que je serai apte à retourner travailler. Lorsque je retourne le voir après ces 4 semaines de repos, je lui annonce que j'ai toujours les mêmes douleurs qu'avant. Il est estomaqué et me dit : pourtant, je suis sûr que j'ai bien réussi l'opération. Je n'en doute pas, lui dis-je et cela est vrai parce que c'est le meilleur orthopédiste de la région. Tout ce que je sais c'est que j'ai les mêmes douleurs qu'avant. Il constate bien sûr qu'il y a toujours de l'inflammation derrière mon genou gauche et légèrement derrière le droit. Il prolonge donc mon arrêt de travail et me fera passer d'autres examens en plus de m'envoyer consulter un neurologue. Il me prescrit aussi un médicament contre les douleurs neurologiques.

En regardant sur internet, je constate que ce médicament, le lyrica, est conçu spécialement pour enrayer les douleurs que je ressens depuis mon retour de Compostelle. La particularité des ces douleurs comme le dit le fabricant du lyrica, est, qu'elles sont débiles et foudroyantes et que les patients ont beaucoup de difficultés à en donner la description d'où la difficulté à poser un bon diagnostic. Après avoir lu la description des douleurs que traite ce médicament je suis très soulagé. Enfin je peux dire clairement quelles sortes de douleurs j'ai : coups de poignards, chocs électriques, pincements, tirements et sensations de brûlure. J'aperçois une lueur d'espoir car enfin je peux décrire ce que j'ai.

Avec le neurologue un autre diagnostic surgit; j'ai une hernie discale, mais côté nerveux tout semble correct dit-il. Suite à cela, l'orthopédiste me fait consulter celui que je considère être le meilleur neurochirurgien de notre région, car il pense que le nerf sciatique pourrait être coincé à cet endroit. Cela pourrait expliquer les douleurs. Lors de mon premier rendez-vous avec ce neurochirurgien, il infirme cette hypothèse. Il n'a aucun doute là-dessus, mon problème est strictement localisé dans le genou. Il est convaincu à 100% que cela n'a rien à voir avec l'hernie située au bas du dos.

À noter qu'à chaque fois que j'ai consulté les médecins et spécialistes, je leur ai toujours dit que j'avais mal aussi dans le genou droit, mais que c'était mineur à comparer aux douleurs que j'avais dans celui de gauche. Malgré tous ces rendez-vous avec des spécialistes, mon orthopédiste demeure convaincu que ces douleurs sont dues au système nerveux, à des nerfs qui sont compressés, mais il ne sait pas qu'est-ce qui cause cette compression. Il augment la dose du lyrica de 75 mg à 150mg car je n'ai aucune amélioration concernant la douleur que je ressens. C'est toujours aussi atroce. Je dors souvent 3 fois par jour en plus de passer d'excellentes nuits de sommeil car je suis toujours exténué. Il me recommande donc à celle qui est sa référence et qui est en même temps la référence du neurochirurgien que je viens de consulter.

Après examen et lors de cette première consultation avec cette spécialiste de l'institut de neurologie de Montréal le 23 juin 2009, celle-ci m'affirme : je ne sais pas qu'est-ce que vous avez. Ce ne semble pas être dû aux nerfs avec lesquels je suis habitué de travailler. Je suis renversé devant ces paroles, mais qui donc va le savoir? Je viens les larmes aux yeux. Elle me rassure, car elle va me faire passer un EMG, examen que j'ai déjà passé à Québec, mais elle insiste pour que ce test soit fait par leurs spécialistes pour qui les nerfs n'ont aucun secret. De plus, elle va me faire passer un examen à ultrasons dans une clinique privée et un autre examen à l'institut de neurologie. C'est elle-même qui s'occupe d'en faire la demande, car elle veut avoir le meilleur spécialiste. Je lui dis que je commence à avoir peur, car j'ai un voyage de prévu depuis longtemps et il aura lieu en octobre prochain. Je vais en Israël et j'imagine que celui-ci risque d'être compromis... Elle me dit : on n'est pas rendu là, on verra. Elle augmente la dose d'un médicament que je prends pour soulager les douleurs neurolopathiques : le lyrica. Elle me le prescrit à 300mg par jour, ce qui est la dose maximale recommandée par le fabricant de ce médicament. Je retourne donc à la maison en attendant les dates de rendez-vous que je recevrai par courrier.

Chapitre 16

Prier davantage

Le 8 juillet 2009, je visite seul Ste-Anne de Beaupré. La veille en revenant d'une excursion aux baleines avec ma famille, nous devions nous y arrêter, mais nous n'avons pas eu le temps et pour moi c'était primordial de m'y arrêter. Ma femme Lise me dit que demain matin l'on reviendra avec notre fille Francesca et elles étaient d'accord, mais je sentais que le lendemain elles changeraient d'idée. Je suis donc parti le matin à mon réveil, pour y aller seul, sans leur en parler. Je suis arrivé à la Basilique de Ste-Anne de Beaupré vers 7h15 et je me suis rendu directement devant la statue de Ste-Anne. Je me suis agenouillé et je lui ai fait part de ma peur d'être incapable de participer au pèlerinage en Terre Sainte. Ce voyage me tient énormément à coeur, car je sens que je vais y vivre une autre expérience spirituelle intense. J'en perçois des signes avant même de partir. La Providence s'est montrée très généreuse pour Lise et moi, car étant en congé maladie depuis mon retour de Compostelle, nos moyens financiers avaient considérablement diminué.

C'est alors que nous avons reçu en cadeau des montants d'argent défrayant plus de la moitié du coût du voyage. Que le Seigneur est bon, je lui en suis très reconnaissant, et en nos bienfaisants donateurs aussi. Cet argent était donné à condition qu'il serve strictement au voyage. Alors sachant que je ne pouvais absolument pas manquer cette merveilleuse opportunité, j'ai donc confié mes jambes à Ste-Anne en lui demandant de faire tout ce qu'elle peut pour que je puisse y aller. Puis je suis retourné à la maison rejoindre mes filles et ma femme. À mon retour, lorsque ma fille et ma femme se sont réveillées elles ne voulaient justement plus y aller... J'avais eu un bon flair...

Chapitre 17

La fin des douleurs

Le 19 juillet 2009, un confrère diacre m'invite pour la Xe fois à une soirée de prière lors de laquelle des gens prieraient spécialement sur moi, car dit-il, ce n'est pas normal ce que tu vis là. Les médecins te font passer de multiples tests et aucun ne trouve ce que tu as. Ta médication est augmentée sans que cela soit efficace et les douleurs t'empêchent toujours de t'asseoir et de demeurer debout immobile. Depuis plusieurs mois celui-ci me lançait l'invitation, et ce, régulièrement. Cette fois-ci, j'accepte son offre, car j'ai toujours des douleurs atroces et je suis même incapable de fêter convenablement avec ma famille qui est réunie chez moi pour célébrer mes 50 ans. La dose maximum de Lyrica ne venait pas à bout de mes douleurs. Nous convenons que le lendemain soir je le rejoindrais au centre de prière où il effectue son ministère. Il m'explique que c'est un ministère de délivrance et de guérison.

J'avais toujours refusé ses invitations, car même si j'ai confiance en lui, j'étais mal à l'aise avec ce qui caractérise un peu la maison de prière où il oeuvre, soit le renouveau charismatique. Je suis très prudent et même trop en ce qui concerne le charismatique. Disons que j'en étais même allergique...Mais comme j'ai énormément confiance en mon ami Jacques-Denis alors je me lance dans cette expérience de prière.

Je suis encore plus rassuré lorsque Jacques-Denis me présente les personnes qui prieront sur moi. En plus de sa femme, un autre couple est là : un psychologue de Montréal avec sa conjointe. Là, mes préjugés en prennent un coup, car j'ai aussi des réticences envers les psychologues. Je trouve que plusieurs d'entre eux se fient beaucoup trop qu'à leur savoir sans tenir compte de la dimension spirituelle qui est très importante. Et là, j'ai devant moi un psychologue de Montréal qui prend la peine de venir prier sur des personnes : Cela crée en moi un sentiment de confiance totale. Je m'abandonne.

Ce groupe croyait bien que quelque chose de paranormal m'était arrivé lors de mon pèlerinage à Compostelle étant donné que mes douleurs atroces avaient débuté lors de ce pèlerinage. Mais d'abord, ils m'ont demandé si j'avais déjà pratiqué l'occultisme. Non jamais, leur répondis-je. Et as-tu rencontré des personnes étranges pendant mon pèlerinage. J'ai encore répondu par la négative. Ils m'ont demandé aussi s'il m'était arrivé quelque chose de spécial sur le chemin de Compostelle. Oh ça oui! C'est alors que je leur ai raconté les 2 épisodes où j'ai vu une ombre noire apparaître devant moi, ainsi que le moment où en priant le rosaire j'ai été délivré de la souffrance. Cela confirmait leurs pensées. Suite à cela, ils ont prié sur moi pendant plus de 2 heures et vers la fin ils m'ont demandé si j'avais encore de la douleur. Je leur ai dit que je ressentais encore des décharges électriques au genou gauche. L'un d'eux a alors mis sa main sur mon genou et à 2 reprises j'ai senti ces décharges électriques passer de mon genou à sa main.

C'était vraiment étrange comme sensation. Puis ils m'ont dit qu'ils avaient terminé et que j'avais certainement une blessure physique, et ce, sans aucun doute. Il est impossible de faire 250 km avec un sac à dos en montagne, sans entrainement, sans causer des dommages importants à notre corps. Mais il y avait aussi une autre blessure d'un tout autre ordre et leur mission a été de faire disparaître celle-ci. Ces 4 personnes font ce qu'on appelle un ministère de délivrance et de guérison. Ils m'expliquent par la suite que chez les ministres ordonnés comme tu l'es, il arrive que l'esprit du mal se fâche et tente d'arrêter les bienfaits que ton action produit. Pour arrêter quelqu'un de marcher il y a ce moyen infaillible de lui frapper dans les genoux. C'est ce qui te serait arrivé. L'ombre noire qui t'est apparue après la ville de Sarria t'aurait frappé et en priant à travers les rosaires que tu récitais, Marie t'en aurait délivré. Par la suite, à Santiago de Compostelle cette même ombre noire t'aurait frappé à nouveau, d'où la raison de ton incapacité à prendre des marches pour les 6 mois suivants et ton incapacité à travailler les 21 mois suivants ton retour de Compostelle…

Je vous rappelle que j'ai reçu des traitements appelés orthovisc au genou gauche car le cartilage était écrasé et j'ai subit une opération derrière le même genou 1 an après mon retour. Un lipome s'était logé au mauvais endroit coinçant le nerf sciatique. De plus, lors de l'opération, l'orthopédiste a dû ouvrir l'enveloppe musculaire, car les muscles étaient demeurés en hyper extension coinçant aussi le nerf sciatique. J'ai aussi reçu de nombreux traitements de physiothérapie et d'orthothérapie. Mais après ces traitements et cette opération, les spécialistes ne comprenaient toujours pas pourquoi j'avais encore les mêmes douleurs. Il n'y avait vraiment aucune amélioration à ce sujet.

Petits bobos sont devenus gros...

En faisant le bilan de ces 21 derniers mois, je réalisais que le mal qui me donnait de la douleur m'avait éloigné de tout ce que je faisais de bien. J'avais arrêté d'exercer mon ministère diaconal auprès des policiers-pompiers de Trois-Rivières comme conseiller moral et religieux. J'avais cessé de participer aux réunions du conseil d'administration de La Vigile qui est une maison de thérapie pour les agents de la paix du Québec. Je prenais de moins en moins de temps pour prier dans mon coin de prière ou l'image du coeur de Jésus est en évidence. Je priais quand même, mais couché dans mon fauteuil incliné. J'avais quitté le travail que j'exerçais à la Fédération nationale des Services de Préparation au Mariage comme coordonnateur. Je devenais indifférent dans plusieurs domaines où je faisais le bien. Concernant les funérailles, les mariages et les baptêmes, j'en présidais très rarement. J'envisageais la possibilité de ne plus aller en Israël tant la douleur me rendait inefficace et tant la fatigue me jetait à terre. J'allais de moins en moins à la messe la semaine et même à la fin je n'y allais que le dimanche. Lorsque je participais à l'eucharistie, c'était atroce. J'avais mal aux jambes, pendant et après et je croyais que c'était dû au fait que j'étais entre autres assis sur des bancs de bois. J'y animais le chant avec l'orchestre que je dirige depuis plus de 15 ans, mais c'était très difficile à endurer. Je les ai même quittés un certain temps. Même les pratiques avec ce groupe étaient très pénibles. Malgré tout cela, je continuais à croire que j'étais toujours sur le chemin de Compostelle, en pèlerinage. Je ne réalisais pas ce qui me faisait dire cela. Je disais souvent : je ne suis pas revenu de St-Jacques de Compostelle, je suis toujours sur le chemin et ce chemin ne s'arrêtera pas, il deviendra de plus en plus beau et intense. Le jour où je penserai être arrivé au bout du chemin, je n'aurai qu'à reprendre cette chanson : va plus loin...

Pour revenir à cette soirée de prière, les 4 personnes m'expliquent que le fruit de leurs prières va soit provoquer une guérison complète ou encore permettre finalement à la guérison de se faire. Tu auras un discernement à faire et sûrement à témoigner de la puissance de la prière et de la bonté de Dieu pour tout ce qui t'arrive.

Avant de les quitter, ils me demandent comment je vais. Je leur réponds tout bonnement que je vais bien, mais je continue en disant que lors des nombreux traitements de physiothérapie et d'orthothérapie que j'ai eu, je ne me suis jamais senti aussi bien.

Oui, je me sens mieux, mais c'est tout.

Rendu à l'extérieur, je réalise que malgré le fait que je suis demeuré plus de 2 heures assis sur une chaise, je ne marche pas en boitant comme je le faisais et je ne ressens plus ces douleurs lancinantes que j'avais auparavant. Là, je réalise tout d'un coup ce qui vient de m'arriver : je ne ressens pas les douleurs neuropathiques souvent caractérisées par des coups de poignard et des sensations de brûlures, de picotements ou de décharges électriques. Fini ces douleurs déconcertantes et frustrantes. Je retourne chez moi au volant de ma moto, mais j'ai les yeux pleins d'eau et la conduite est très difficile, car j'ai de la difficulté à voir. Je suis comme en état de choc, je me répète que c'est incroyable, mais tout de suite après j'affirme que c'est croyable, car je ne ressens plus aucune de ces douleurs.

En chemin, je décide donc de prendre la direction du sanctuaire Notre-Dame du Cap pour remercier Marie de cette délivrance obtenue. Une petite marche dans les jardins du sanctuaire me permettra, j'espère, de reprendre mes sens car je ne cesse de pleurer de joie. Que ce fut apaisant et bienfaisant!

À chacun son chemin et il ne sert à rien
d'envier celui de l'autre. Ce pèlerinage
m'invite à contempler la route à poursuivre
et à garder l'élan reçu en cadeau à travers
cette incroyable expérience vécue.

Incroyable, mais vrai, pour la 2e fois je reçois un cadeau du Ciel : délivré de ces terribles douleurs. La 1ere fois est survenue directement sur le chemin de Compostelle tout juste avant d'arriver à Palas de Rei.

Les jours suivants, rien n'indique que les douleurs vont revenir, mais je suis fatigué comme si j'avais couru un marathon. Par la suite, il m'est arrivé à 3 reprises de me réveiller la nuit en sursaut avec une crampe atroce dans la jambe gauche. Ces crampes étaient en tous points identiques à une crampe que j'avais eue lors de mon premier marathon de Montréal en 1983 je crois. Environ 1 heure après la course, alors que je quittais le parc Lafontaine j'avais été terrassé par une crampe très intense. J'étais tombé par terre hurlant de douleur et je me donnais des coups de poing sur la jambe tellement cela me faisait mal et je frappais de toutes mes forces. Je pensais ainsi enlever le mal... Des infirmiers étaient accourus en toute vitesse pour arrêter ma folie et me donner le conseil suivant : relève-toi en mettant ton poids sur la jambe qui ne te fait pas mal et ensuite tu transfères ton poids tranquillement sur l'autre jambe et ça va arrêter tout de suite.

Lorsque ces crampes sont survenues durant mon sommeil, je me suis levé d'un bond sur mon autre jambe pour appliquer ce truc. La douleur atroce s'est donc dissipée immédiatement en appliquant ce même traitement. Ouf! Quel soulagement! Que ça fait du bien et surtout quand c'est en plein milieu de la nuit. J'avais l'impression que cela était dû au fait que j'ai fait travailler mes jambes atrocement ces 21 derniers mois et que maintenant elles commençaient à se remettre de l'effort inhumain que je leur avais demandé... Après quelques jours, je ressens beaucoup de raideurs dans mes chevilles et mes genoux. Comme m'ont expliqué les gens de la maison de prière l'Alliance, ce ministère de guérison auquel j'ai assisté va probablement permettre à mes jambes de guérir car quelque chose en empêchait la guérison. Et je dois avouer que c'est ce qui semble arriver.

J'ai l'impression que mes chevilles n'étaient plus habituées à supporter mon poids, car à cause de la douleur, pendant les 21 derniers mois je devais continuellement me balancer d'une jambe à l'autre. Aussitôt que je demeurais fixe, soit debout, ou assis, des douleurs de fou me faisaient souffrir. Maintenant, je réussis à demeurer debout immobile sans bouger et aucune douleur n'apparaît. Les raideurs qui apparaissent m'indiquent que mon corps semble réagir à cette nouvelle situation. Ces problèmes de raideur disparaissent peu à peu, mais je ressens toujours de petites douleurs à des endroits précis derrière mes 2 genoux, ce qui m'indique que la blessure physique est toujours présente. En voie de guérison peut-être? Je ne le sais pas, mais je décide de poursuivre les examens prévus par l'institut de neurologie. Prendre soin de son corps c'est aussi respecter les examens de la médecine qui permettront d'en avoir le coeur net sur la guérison ou la blessure qui pourrait être encore présente.

Malgré tout cela, ce que j'ai envie de faire est de proclamer que Dieu est infiniment bon. Loué soit Jésus et maman Marie pour ce que vous avez réalisé en moi. Un grand merci aussi à grand-maman Ste-Anne. Bien sûr il ne faut pas que j'oublie St-Jacques qui m'a guidé sur son chemin. Et je désire plus que tout prendre davantage de temps pour prier, et ce, le plus fidèlement possible, car je constate encore une fois jusqu'à quel point la prière est une arme puissante. Nous aurions grandement avantage à en faire un inconditionnel chaque jour pour prendre bien soin de notre âme, de notre coeur et pour accomplir fidèlement notre mission de baptisé.

Va plus loin même si tu te crois arrivé... et la route sera longue vers la fraternité...

Il reste après tout cela que j'ai énormément hâte de rencontrer les spécialistes avec qui la neurochirurgienne de l'Institut de neurologie de Montréal a demandé des rendez-vous. J'envisage un retour au travail très prochainement, mais en même temps l'idée d'une année sabbatique me trotte encore dans la tête... Financièrement je n'en aucunement les moyens et ce n'est peut-être pas ce que je dois faire aussi. Mais je ne me vois pas reprendre le rythme de fou dans lequel j'étais avant mon pèlerinage à Compostelle. Je priorise prendre du temps quotidiennement pour poursuivre ce pèlerinage et ainsi faire grandir ma foi en ce Dieu infiniment bon et aimable. Je veux aller plus loin, toujours plus loin pour la plus grande gloire de Dieu.

Alors, on verra ce que me réserve le chemin...

Après cette séance de prière, comme je ne ressens plus de douleurs, je décide donc, après avoir consulté mon pharmacien, de diminuer la dose de lyrica. Les médecins ainsi que le pharmacien m'avaient averti qu'il ne fallait surtout pas arrêter de prendre ce médicament du jour au lendemain. Il faut diminuer tranquillement comme dans le cas d'un sevrage. Ce médicament est très fort et peut causer des dommages s'il est interrompu trop brusquement. Je diminue donc lentement jusqu'à ne plus en prendre. Je continue quand même à prendre des antiinflammatoires et un autre médicament contre la douleur depuis 21 mois. Une fois sevré, je ressens à nouveau de la douleur, mais c'est quand même infiniment moins qu'avant cette séance de prière. La douleur est telle que je songe même à reprendre le lyrica. La guérison n'est peut-être pas complétée et je dois faciliter cette guérison en prenant un minium de médicaments. Entre 300mg et 0mg, il serait peut-être sage de demeurer à 150mg pour un certain temps. Comme j'ai un rendez-vous à la clinique de physiatrie et de médecine sportive de Montréal au milieu du mois d'août je me dis que je verrai après avoir passé ce test quel en sera le résultat et je pourrai alors prendre une décision éclairée.

Percevant l'endroit où je sens de la douleur cela pourra peut-être aider le spécialiste, à en trouver la cause me suis-je dit. Ce test était un de ceux prescrits par la neurochirurgienne de l'institut de neurologie de Montréal. Finalement, il indique que rien de majeur n'affecte le nerf sciatique. Tout est beau selon le spécialiste, mais il lui reste à examiner en profondeur les résultats de son examen. Il fera un rapport final à la neurochirurgienne. Je me rends donc tout de suite après avoir passé ce test au bureau de la neurochirurgienne pour demander qu'elle autorise mon retour au travail le 1er septembre prochain, car je ne serai plus considéré inapte à travailler selon ma compagnie d'assurance collective. Je suis définitivement capable de demeurer debout et assis, alors rien ne m'empêche à retourner travailler. Les 150mg de lyrica que je prendrai me permettront de vaquer à mes occupations régulières même si je ressens un peu de douleurs.

St-Jacques, continue à nous guider
sur nos routes humaines. Qu'elles
nous permettent d'accéder au
grand carrefour céleste.

Et c'est ce qui est arrivé. Je suis retourné à mon travail comme préposé aux télécommunications du centre d'urgence 911 de ma municipalité le 1er septembre 2009.

Dans les mois suivants, j'ai continué à avoir des douleurs, mais cela ne m'empêchait nullement de travailler sauf qu'en certaines occasions des chocs et des engourdissements m'affectaient. De plus, j'ai été capable de prendre part au voyage de 3 semaines prévu en Israël. Fin novembre 2009, j'ai eu le rapport final de la neurochirurgienne indiquant que tout était normal. Ce verdict m'a assommé, car j'étais incapable de diminuer la dose de lyrica en bas de 150 mg sans ressentir des douleurs. Cette spécialiste a bien vu dans mon non verbal ma déception et elle m'a référé à la clinique de la douleur de ce même institut.

Et si quelque chose empêchait encore la guérison... C'est l'interrogation que j'avais. Je me suis mis à me demander si je ne devais pas retourner à ce centre de prière. Finalement, après avoir raconté toute mon expérience à une infirmière, elle m'a conseillé d'y retourner et c'est ce que j'ai fait au mois de décembre.

Résultat : oui, quelque chose empêchait encore la guérison et au moment de finaliser l'écriture de ce livre, à la fin janvier 2010, je ne prends plus d'anti-inflammatoires, ni aucun autre médicament contre la douleur.

La guérison est vraiment en train de se compléter. J'ai senti une énorme différence encore une fois après cette deuxième séance de prière. Mais cette fois-ci cela s'est fait graduellement sur plusieurs semaines. Je sentais le changement qui s'effectuait dans mes jambes. Je ressens que des raideurs derrière mes genoux et ce n'est vraiment plus douloureux. Maintenant je travaille sans avoir de douleurs aiguës comme j'avais depuis mon retour au travail. Ces douleurs me forçaient à marcher un peu alentour de mon bureau et à me secouer les jambes énergiquement pour les faire passer. Ceci est maintenant chose du passé.

Mes confrères de travail ont été témoins de mes difficultés

à recommencer à travailler entre autres des douleurs que m'occasionnait le fait de rester assis ou debout un certain temps. J'ai réalisé que les effets secondaires suite à la prise du lyrica ne m'avaient pas aidé non plus à effectuer un bon retour au travail. Les pertes de mémoire, les difficultés de concentration, la somnolence et le manque d'énergie sont des effets secondaires possibles à la prise de ce médicament. Je ressens de plus en plus une amélioration sur tous ces aspects.

Lorsque je prenais le lyrica je ne comprenais pas pourquoi j'avais de la difficulté à effectuer des tâches qui m'étaient si faciles auparavant... Je trouvais que mon cerveau ne réagissait pas vite devant des situations pourtant banales. Je crois que la prise du lyrica depuis plus d'un an y est pour quelque chose.

Conclusion

En attente du prochain pèlerinage

Quelle aventure fut ce pèlerinage! Et savez-vous quoi? J'ai une extrême envie d'y retourner et le plus tôt possible. Et si tout cela était à refaire, je n'hésiterais pas une seconde à reprendre le même périple. Il faut peut-être être fou pour affirmer une telle chose et je le suis peut-être un peu. Mais ce dont je suis sûr c'est que je suis de plus en plus fou de Dieu et je souhaite que cette folie soit de plus en plus intense. J'ai surtout envie de refaire le même chemin et pas nécessairement plus, sauf peut-être pour prendre le temps de me rendre au Cap de Finisterre. Deux semaines de marche sur ce chemin peuvent être suffisantes pour tout pèlerin qui s'engage à fond dans une telle démarche spirituelle. Il est aussi possible de faire ce chemin par étapes. Un pèlerinage deux semaines par année, à chaque 2 ans ou à toute autre fréquence doit s'avérer être un moyen extraordinaire pour nourrir sa foi et son désir d'aller toujours plus loin dans son cheminement humain et spirituel.

À vous qui avez peut-être ressenti le goût d'expérimenter le chemin de Compostelle, je dis : N'attendez pas à demain, le chemin veut vous offrir un trésor inestimable. Le chemin vous prendra là où vous en êtes rendus dans votre cheminement. Il vous fera découvrir des richesses inattendues pourvu que vous vous abandonniez à lui. Consultez les regroupements des pèlerins de Compostelle qui existent dans votre région. Il y en a dans toutes les régions du Québec. Surtout n'ayez pas peur, sur le chemin de Compostelle on ne manque jamais de rien.

L'expérience difficile que j'y ai vécue est le résultat de bien des facteurs que vous n'aurez pas à expérimenter... Aucun pèlerinage n'est identique à un autre. Mais ils sont tous aussi beaux les uns que les autres. Il est bien entendu essentiel de se préparer adéquatement avant de partir, afin de bien profiter de cette démarche unique et exceptionnelle. Les préparatifs physiques, matériels et aussi spirituels sont tout aussi importants les uns que les autres.

En terminant, je me dois de remercier très affectueusement ma tendre épouse pour toute la compréhension dont elle a fait part à mon égard. Un tel périple avec les conséquences qui en ont résulté nous a causé un lot de problèmes. Mais il n'arrive rien pour rien dans la vie; notre foi a grandi, nous avons une fois de plus constaté à quel point la Providence a pris soin de nous et cela nous a permis de vivre des expériences humaines et spirituelles d'une profondeur inattendue.

Ultreïa!

Paul Racette , le fou de Compostelle

polora7@hotmail.com

Sur ce, je vous laisse sur ce chant thème des

pèlerins de Compostelle

o Ultreia17 o

o Tous les matins nous prenons le chemin

Tous les matins nous allons plus loin

Jour après jour, St-Jacques nous appelle

C'est la voie de Compostelle

ULTREIA ! ULTREIA ! E SUS EIA

DEUS ADJUVA NOS !

Chemin de terre et chemin de foi

Voie millénaire de l'Europe

La voie lactée de Charlemagne

C'est le chemin de tous les jacquets

Et tout là-bas au bout du continent

Messire Jacques nous attend

Depuis toujours son sourire fixe

Le soleil qui meurt au Finistère

À chaque pas, nous devenons des frères

Patron St-Jacques, la main dans la main

Chemin de foi, chemin de lumière

Voie millénaire des pèlerins

Mr St-Jacques écoutez notre appel

Des Pyrénées à Compostelle

Dirigez nous du pied de cet autel

Ici-bas et jusqu'au ciel o

Paroles et musique Jean-Claude Bénazet

Répertoire des chants

1-«Va plus loin» de John Littleton

2-«Un mille à pied» (chanson scout)

3-«Quelle est cette folie?» de Robert Lebel4-«Le psaume de la création» de Patrick R «Don't worry be happy» de Bobby McFerrin

6-«Je m'en vais» de John Littleton

7-«You are the Sunshine» de Stevie Wonder

8-«Toute la pluie tombe sur moi» de Sacha Distel

9-«Cantique des étoiles (chanson scout)» de J. Vincent

10-«Oui mon nom est écrit dans le ciel» de Violaine Couture

11-«Y a une étoile pour nous» d'Angèle Arseneault

12-«J'allume une étoile» (berceuse pour enfants)

13-«La plus belle nuit du monde» (Glory Glory Alléluia)

14-«What a wonderfull world» de Louis Armstrong

15-«Tout va changer» de Michel Fugain

16- «Et

c'est

pas

fini»

de

Stéphane

Venne

17-«Ultréïa» de J-C Bénazet

Va plus loin

de John Littleton

Va plus loin, va plus loin même si tu te crois arrivé

va plus loin, va plus loin

Le voyage est à peine commencé et la route est encore longue

Vers la fraternité

Et l'horizon de l'amitié

Viens, suis-moi, mon ami,

N'aie pas peur même si l'obscurité nous aveugle

Je suis là et je marche avec toi ensemble nous irons

L'espoir au fond du coeur

Car au bout de nos pleurs

Et au bout de nos peines

Il y a la lumière

Tout au bout du chemin.

Je suis là, mon ami, près de toi

Même si tu redoutes d'être seul

Je suis là et je marche avec toi

Je te donne la main

Pour aller sans faiblir

Et la joie dans le coeur

Va, regarde plus loin

La lumière promise

Est au bout du chemin

Va plus loin, mon ami, va toujours

Au delà de la terre et de la mer

Au delà de toi-même et de tout

Si tu donnes la joie

Par le bien que tu fais

Tu trouveras la joie

Par ce bien que tu fais

En semant la lumière tout au bout du chemin

Quelle est cette folie?

de Robert Lebel

Refrain

Quelle est cette folie qui s'empare du monde?

Quelle est cette folie qui s'empare de nous?

Quelle est cette folie qui s'empare du monde?

Quelle est cette folie qui s'empare de nous?

Refrain final

L'amour c'est la folie qui s'empare du monde?

L'amour c'est la folie qui s'empare de nous?

C'est la seule folie qui peut changer le monde?

C'est la seule folie qui peut changer la vie!

Psaume de la création

de Patrick Richard

-1

Par les cieux devant toi, splendeur et majesté

Par l'infiniment grand, l'infiniment petit

Et par le firmament, ton manteau étoilé

Et par frère soleil je veux crier :

Mon dieu tu es grand tu es beau dieu vivant dieu très haut

Tu es le dieu d'amour

Mon dieu tu es grand tu es beau dieu vivant dieu très haut

Dieu présent en toute création

-2

Par tous les océans, et par toutes les mers

Par tous les continents, et par l'eau des rivières

Par le feu qui te dit comme un buisson ardent

Et par l'aile du vent, je veux crier :

-3

Par toutes les montagnes, et toutes les vallées

Par l'ombre des forêts, et par les fleurs des champs

Par les bourgeons des arbres et l'herbe des prairies

Par le blé en épis, je veux crier :

-4

Par tous les animaux, de la terre et de l'eau

Par le chant des oiseaux, par le chant de la vie

Par l'homme que tu fis juste moins grand que toi

Et par tous ses enfants, je veux crier :

-5

Par cette main tendue qui invite à la danse

Par ce baiser jailli d'un élan d'espérance

Par ce regard d'amour, qui relève et réchauffe

Par le pain et le vin, je veux crier :

Je m'en vais

de John Littleton

Refrain

Je m'en vais sur tous les chemins

Parler de vous mes camarades

Je m'en vais sur tous les chemins

Parler de vous

Et chanter nos refrains

-1

Je m’en vais porter à tous ceux

Qui ont froid et attendent le feu

Je m’en vais porter cette flamme

Qui réchauffera nos âmes.

-2

Je m’en vais, mais je reviendrai

Et je serai riche d’amour

Je m’en vais mais je reviendrai

Nous nous reverrons un jour.

What a wonderful world

de Louis Armstrong

I see trees of green........ red roses too

I see them bloom..... for me and for you

And I think to myself.... what a wonderful world.

I see skies of blue..... clouds of white

Bright blessed days....dark sacred nights

And I think to myself .....what a wonderful world.

The colors of a rainbow.....so pretty ..in the sky

Are also on the faces.....of people ..going by

I see friends shaking hands.....saying.. how do you do

They're really saying......I love you.

I hear babies cry...... I watch them grow

They'll learn much more.....than Ill never know

And I think to myself .....what a wonderful world

Yes I think to myself ....what a wonderful world.

FSC
www.fsc.org
MIX
Papier | Fördert
gute Waldnutzung
FSC® C083411

Kolibri 360 GmbH
Ferdinand-Jühlke-Straße 7
99095 Erfurt, Deutschland
produktsicherheit@kolibri360.de

Druck:
CPI Druckdienstleistungen GmbH
im Auftrag der
Kolibri 360 GmbH
Ferdinand-Jühlke-Str. 7
99095 Erfurt